사진출처

GettyImagesBank_ **82p** / 판사 **121p** / 정의의 여신 **136p** / UN의 깃발

Shutterstock_ **80p** / 민법 법전 **81p** / 부동산 거래, 가족 관계 **82p** / 민법 계약 **98p** / 경찰에 잡힌 도둑 **118p** / 재판관 3인 **136p** / 여러 나라의 여권 **137p** / 독도

연합뉴스_ **40p** / 국적증서 수여식 **120p** / 모의 형사 재판 장면

위키피디아_ **119p** / 대법원(Person50), 대전 고등 법원(Minseong Kim), 인천 지방 법원(Ifflies), 청주 지방 법원(Neoalpha), 제주 지방 법원(Abasaa)

아르볼 생각나무
멍멍! 재판을 시작합니다!

ⓒ 신지영, 2020

1판 1쇄 발행 2020년 3월 25일 | **1판 7쇄 발행** 2023년 11월 15일

글 신지영 | **그림** 이경석
펴낸이 권준구 | **펴낸곳** (주)지학사
본부장 황홍규 | **편집장** 김지영 | **편집** 박보영 이지연 | **디자인** 이혜리
마케팅 송성만 손정빈 윤솔옥 박주현 | **제작** 김현정 이진형 강석준 오지형
등록 2010년 1월 29일(제313-2010-24호) | **주소** 서울시 마포구 신촌로6길 5
전화 02.330.5263 | **팩스** 02.3141.4488 | **이메일** arbolbooks@jihak.co.kr
ISBN 979-11-6204-082-9 73810

잘못된 책은 구입하신 곳에서 바꿔 드립니다.

제조국 대한민국　**사용연령** 8세 이상
KC마크는 이 제품이 공통안전기준에 적합하였음을 의미합니다.

 아르볼은 '나무'를 뜻하는 스페인어. 어린이들의 마음에 담긴 씨앗을 알찬 열매로 맺게 하는 나무가 되겠습니다.

홈페이지 www.jihak.co.kr/arb/book | **포스트** post.naver.com/arbolbooks

아르볼 생각나무

멍멍! 재판을 시작합니다!

글 신지영 그림 이경석

지학사아르볼

작가의 말

사람을 위하는 법

　어릴 때 친구들끼리 동네에 모여서 노을이 번질 때까지 놀았었어요. 해가 언덕 너머로 지고 엄마가 부르러 나올 때까지 신나게 뛰어다니다 보면 하루가 정말 짧다고 느껴졌지요. 그것도 모자라 집에서 자려고 이불 속에 들어가서는 내일은 또 뭐 하고 놀까 생각했죠.
　그 시절에는 유치원을 다니던 친구도 거의 없고 학원에 다니는 친구도 지금처럼 많지 않았어요. 눈만 뜨면 동네에 나가서 친구들과 놀면서 하루를 보냈던 거예요. 지금 생각하면 잘 상상이 가지 않을지도 몰라요. 배우는 것도 없이 놀기만 하면 어떻게 하냐고 말이에요. 하지만 저와 친구들은 놀이를 통해서 많은 것을 배웠답니다. 둘이 만나서 놀 때도 있었지만 열 명도 넘게 모여서 함께 게임을 하기도 했어요. 그렇게 어울려서 문제없이 놀기 위해선 꼭 필요한 것들이 있었죠. 가령 '자기가 하고 싶은 것만을 하지 않는다.', '친구의 의견도 중요하게 들어줘야 한다.' 등의 규칙들이요. 서로 생각이 다르더라도 규칙에 따라 행동하면 큰 다툼으로 번지지 않았어요. 우리들

  은 처음에는 원시인처럼 아무 규칙도 갖지 않았지만, 서로 함께 놀기 위해 규칙이 필요하다는 것을 느끼게 됐어요. 누가 가르쳐 주지 않았어도요.

  법도 이런 규칙과 마찬가지예요. 사람들이 함께 더 행복하게 살아가기 위한 최소한의 규칙이니까요. 가끔 사람들은 법을 오해하곤 해요. 아주 어려운 것, 가까이하면 불편한 것이라고요. 하지만 법만큼 사람을 배려하고 존중하는 것은 없어요. 어릴 때 친구들과 싸우지 않고 더 재미나게 놀기 위해서 만들었던 규칙처럼 우리를 행복하게 하고 보호해 주기 위해서 만들어진 것이니까요.

  이 책은 어떤 규칙도 없이 혼란 속에서 살아가는 강아지 나라로 간 솔이와 가람이의 이야기예요. 두 아이가 사람들 세상의 법을 바탕으로 국가를 만들고 유지하는 데 필요한 원칙을 세우고, 다툼을 해결하는 규칙을 만드는 과정을 재미있는 이야기로 풀어 냈지요. 법에 대한 지식이 없는 사람이라도 가람이와 솔이의 신기한 모험을 따라가다 보면, 자연스럽게 법의 필요성과 편리함을 알게 될 거예요.

지은이 신지영

차례

으스스한 도서관 이상한 책   10
법이 왜 필요해? | 법은 뭔가 다르다 | 법의 종류가 궁금해

여기는 도대체 어디야?   26
헌법은 법들의 왕 | 헌법 속 국가의 3요소
헌법이 말하는 대한민국, 국민, 영토

뒤죽박죽 강아지 나라   42
자유와 행복을 보장하는 헌법 | 국민을 위해 봉사하는 국가와 공무원
국민에게 의무가 있다고?

친해도 재산은 못 줘!   66
사람 사이의 관계를 정하는 민법 | 민법은 살아 있을 때만!
민법 계약, 이럴 때는 안 돼!

가려진 진짜 범인   84
죄와 벌을 정하는 형법 │ 죄가 되지 않는 잘못이 있다고?

달빛 아래 두려운 진실   102
재판을 위한 법, 소송법 │ 정확한 재판을 위한 삼심 제도
무죄 추정의 원칙이란? │ 미란다 원칙은 또 뭐야?

평화의 약속   122
국가 사이의 관계를 다루는 국제법
국제법의 종류가 궁금해

은행나무 통로를 따라서   138

등장인물

솔이
씩씩하고 당찬 성격으로 형사가 꿈이다.
머리 쓰는 일보다는 직접 행동하는 것을 좋아한다.
성격이 정반대인 가람이와 자주 다투지만,
강아지 나라에 와서 함께 문제를 해결해 나간다.

가람
침착하고 생각이 깊으며, 책 읽기를 좋아한다.
솔이와 도서관에서 책을 보다가 이상한 세계로 왔다.
어린이 법제관과 교내 어린이 위원으로 활동했던
경험을 바탕으로 법을 만들어 강아지 나라를 돕는다.

진이

개들을 노예로 부리던 늑대 나라에서 탈출해
강아지 나라를 세우도록 이끈 진돗개.
개들 중에는 진이를 좋아하며 따르는 무리가 많다.
솔이와 가람이에게 질서 없이 뒤죽박죽인
자신들을 도와 달라고 부탁한다.

벤

늑대와 개의 혼혈로 태어나서,
늑대와 개 모두에게서 차별을 받는다.
어린 두 동생을 데리고 살고 있으며,
비밀을 많이 알고 있는 것처럼 보인다.

으스스한 도서관 이상한 책

"빨리 안 내놔?"

"싫어. 내 필통을 왜 너한테 줘야 하는데?"

"너 약속 안 지키면 감옥 가는 거 몰라? 감옥!"

"뭐? 감옥? 너야말로 사람을 겁주니까 감옥 가겠지."

아직 따뜻한 볕이 남아 있는 늦가을의 점심 시간이었다. 조용하던 교실이 두 아이가 다투는 소리로 가득 차기 시작했다.

반 아이들은 이번에도 또 너희냐는 듯 한심하게 쳐다볼 뿐이었다.

"이솔이! 김가람! 너희 또 왜 싸워?"

선생님의 목소리를 듣고서야 솔이와 가람이는 말싸움을 그쳤다. 솔이가 먼저 재빠르게 대답했다.

"얘가 자꾸 제 자리로 넘어와요! 그래서 책상에 금을 긋고 넘어오는 건 모두 제 거라고 했는데 가람이가 약속을 안 지키잖아요."

"내가 언제 약속했다고 그래? 그리고 필통은 넘어가지 않았어. 넘어갔다 해도 모서리가 조금 넘어간 건데, 그걸 어떻게 다 줘?"

둘은 여전히 서로의 얼굴을 쳐다보며 씩씩대고 있었다. 가만히 둘의 이야기를 듣던 선생님의 표정에 살짝 미소가 비쳤다.

"뭐? 너희 고작 그런 걸로 싸운 거니? 게다가 가람이랑 솔이는 둘 다 법 동아리잖아? 그런데 말로 설득은 못 할망정 싸운단 말이니?"

"설득도 사람을 봐 가면서 해야죠. 차라리 개구리한테 노래를 가르치지. 그리고 솔이는 법이 좋아서 온 게 아니라 간식 준다고 해서 온 거예요."

"뭐? 개구리? 너 지금 뭐라

고 했어?"

가람이는 솔이를 무시하고 이어서 말했다.

"그리고 솔이 너, 감옥이라니. 약속 어기면 무조건 감옥이야? 게다가 처음부터 완전히 네 맘대로 정한 이상한 약속이잖아. 내 손이 선을 조금 넘어가면 내 몸이 다 네 거라는 거야?"

"그래! 전부 다 내 거다."

"웃기시네. 가져갈 수 있으면 가져가 봐! 내 밥도 네가 주고."

가람이가 솔이에게 자기를 가져가라고 몸을 들이밀자 반 아이들이 피식 웃는 소리가 여기저기에서 들렸다. 가람이는 평소에 침착하고 생각이 깊은 편이었다. 나라에서 뽑는 어린이 법제관◆으로 추천되었고, 법 퀴즈 대회에서도 최우수상을 받았다. 학교 교칙을 정할 때는 어린이 위원으로 참여했을 정도다.

솔이는 가람이와 정반대로 행동이 앞섰다. 학교에서 운동도 제일 잘했고 낯선 것에 대한 두려움도 별로 없었다. 아이들이 머뭇거릴 때 제일 먼저 나서서 문제를 해결하는 경우도 많았다. 이렇게 둘이 전혀 다르다 보니 평소에도 아옹다옹 다투는 일이 많았다.

가람이는 솔이와 있으면 평소의 침착함을 잃곤 했다. 그 모습이 우스우면서도 잘 어울려서, 친구들은 둘의 다툼을 말리지 않았다.

놔두면 조금 있다 사이가 다시 좋아지고는 했다. 하지만 선생님의 얼굴에서는 점점 미소가 사라졌다.

"둘 다 계속 싸우기만 할 거니?"

선생님의 물음에 솔이와 가람이는 대답을 하지 않았다.

"좋아! 화해할 생각이 없는 모양이네. 그럼 선생님이 너희들이 화해할 때까지 숙제를 내 줄 거야."

"숙제라고요?"

숙제라는 말에 솔이와 가람이가 눈을 동그랗게 떴다.

"이번 사건을 어떻게 해결해야 하는지 알아 오도록 해. 오늘까지 알아 오지 못하면 둘 다 집에 늦게 갈 줄 알아!"

"네에? 너무해요!"

조금 전까지 씩씩대던 솔이와 가람이가 동시에 숙제를 없애 달

잠깐! 어린이 법제관이 뭐냐고요?

　어린이들의 법에 대한 관심과 참여를 유도하기 위해 만들어졌어요. 어린이 법제처(moleg.go.kr/child)에서 매년 초등학교 4~6학년을 대상으로 선발하여 운영하고 있어요. 지역별 토론 마당, 법 관련 기관 탐방, 법안 만들기 대회, 법령 퀴즈 골든벨 대회, 국회 탐방 등의 활동을 한답니다.

라고 부탁했지만, 선생님은 꿈쩍도 하지 않았다. 그러더니 하는 수 없다는 듯 말했다.

"정 그렇다면 힌트를 주지. 학교 도서관에 가 보면 정답이 있을지도 몰라. 책에는 세상 모든 지식이 들어 있으니까!"

"에이, 그게 뭐예요! 도서관에 책이 얼마나 많은데, 언제 다 찾고 있어요?"

"맞아요. 그건 힌트도 아니라고요."

어느새 둘은 한편이 되어 투덜댔다. 선생님이 웃음을 애써 참으며 말했다.

"하하, 너희는 법 동아리잖니. 법이 뭐 하는지 잘 알잖아. 지금처럼 사람 사이의 다툼을 조절하고 해결하는 것! 당연히 너희 문제의 해결책도 법에 있지 않겠어? 참, 단서가 있어. 꼭 둘이 힘을 합쳐서 알아내도록 해. 알았지?"

가람이와 솔이가 불만스럽다는 듯 한목소리로 외쳤다.

"네? 정말 둘이 해야 해요?"

"혼자 하면 안 되나요?"

하지만 선생님은 더 이상 대답하지 않고 교실을 나갔다. 솔이와 가람이가 어색하게 서로를 보았다.

"김가람, 너도 집에 늦게 가기는 싫겠지? 우리 잠시 휴전하자."
"알았어. 단, 숙제 끝날 때까지만이야."
"그건 내가 할 소리야."

둘은 재빠르게 2층에 있는 도서관으로 갔다. 그런데 도서관이 어딘가 이상했다. 불도 꺼져 있고 사서 선생님도, 도서부 친구들도, 책 읽는 아이들도 없었다. 커튼 틈으로 햇빛이 들어와 어둡고 텅 빈 도서관 안을 비출 뿐이었다. 그 모습이 어딘가 신비로워 마치 다른 세상 같았다. 이어서 찬 바람이 불자 도서관 책상 위에 펼쳐진 책이 펄럭거렸다. 시곗바늘은 정확히 한 시를 가리키고 있었다. 가람이는 뭔가 으스스한 기분에 도서관으로 들어가지 못하고 솔이를 보며 물었다.

"야! 왠지 좀 이상하지 않아? 어두침침하고 섬뜩한 것이 우리가 알던 도서관이 아닌 것 같은데."

"이상하긴! 지금이 기회라고. 난 예전부터 도서관에서 마음껏 뛰고 떠들고 싶었어."

말을 마친 솔이는 신이 났는지 힘차게 문을 열고 도서관 가장 깊은 쪽으로 뛰어갔다. 가람이가 못 말린다는 듯이 고개를 절레절레 젓더니 솔이를 따라 들어가며 말했다.

"좋아! 그럼 넌 거기서부터 책을 뒤져 봐. 난 이쪽에서부터 찾아볼게."

솔이는 가람이의 소리를 들었는지 듣지 못했는지 아무런 대답이 없었다. 한숨을 쉬며 혀를 차던 가람이는 포기했다는 듯이 책장을 살피기 시작했다. 솔이에게만 맡겨 놓았다간 아마 밤이 되어도 집에 가지 못할 것 같았다.

책은 종류별로 차곡차곡 정리되어 있었다. 가람이가 가장 먼저 마주한 서가에는 역사책들이 꽂혀 있었다. 역사를 좋아하는 가람이는 원래의 목적도 잊고 그 자리에 앉아 시간 가는 줄도 모르고 책을 읽기 시작했다. 한참 뒤 가람이는 자기가 지금 왜 도서관에 와 있는지 깨닫고 화들짝 고개를 들었다. 솔이가 한심하다는 표정으로 가람이를 내려다보고 있었다.

"어휴! 이 책벌레, 내가 이럴 줄 알았다. 찾으라는 건 안 찾고 자기 좋아하는 책만 보고 있다니."

"시끄러워! 그러는 너는 법에 대한 책을 찾았어?"

왠지 부끄러운 기분이 들어 가람이도 솔이에게 괜히 더 큰 소리로 따졌다. 솔이가 당연하다는 듯 손에 든 책을 번쩍 들며 의기양양

한 목소리로 말했다.

"그럼! 이 책 봐.《말싸움에서 절대 지지 않는 법》. 제목만 봐도 딱 느낌이 오지? 내용도 좋다고. 첫째, 말싸움이 벌어지면 먼저 사과하지 말 것. 둘째, 틀린 말을 했을 경우 그런 말을 한 적이 없다고 우길 것. 셋째……."

"그만. 너 진짜 바보냐? 선생님이 정말로 그런 책에서 해결책을 찾으라고 했을 것 같아?"

"그런가?"

가람이가 어이없다는 표정으로 쳐다보자, 솔이도 멋쩍은 표정으로 배시시 웃으며 번쩍 든 손을 천천히 내려놓았다.

"빨리 가서 제대로 찾아봐. 이러다 오늘 집에 못 가겠어!"

"김가람, 너야말로 책만 읽지 말고 빨리 숙제해."

그 말을 마치고 솔이는 다시 도서관 한구석으로 돌아갔다. 책을 원래 자리에 꽂아 놓은 가람이는 다른 책장을 살피며 천천히 움직였다.

미술, 음악, 연극에 대한 책들이 있는 예술 코너. 우주, 수학, 생물에 대한 책이 있는 과학 코너.《호랑이 대 사자의 승부》처럼 흥미진진한 제목이 유혹해 왔지만 가람이는 '나중에 꼭 읽어야지!'라는 생각으로 고개를 세차게 저으며 지나쳤다.

 마침내 가람이는 자기가 찾는 책들이 있는 곳에 도착했다. 법이라는 제목이 붙어 있는 책이 가득 모인 곳이었다. 사막에서 오아시스를 찾은 기분으로 가람이는 제목을 살펴보았다. 《법과 도덕》, 《종교와 법》, 《세계 여러 나라의 재미있는 관습》과 같은 책들이 꽂혀 있었다.

 한참을 찾아보았지만 선생님이 말하는 책이 무엇인지 도저히 감이 잡히지 않았다. 그런데 저쪽에서 솔이가 손을 크게 흔들며 가람이에게 다가왔다. 가람이는 다가오는 솔이에게 미리 경고했다.

 "이솔이, 한 번만 더 이상한 책 가져오면 너랑 말 안 한다."

 "김가람! 도서관에서 시끄러우니까 조용히 해. 와서 이 책이나 봐 봐."

 가람이는 '시끄러운 건 너잖아.'라고 따지려던 걸 참고 책을 살펴보았다. 《강아지 나라의 전설》은 별로 특별할 것 없는 이야기책처럼 보였다.

 "이게 뭐야, 무슨 만화책 같은 거 아냐?"

 솔이는 가람이의 말은 무시하고 조심스럽게 책을 바닥에 펼쳤다. 소중한 보물이라도 다루는 것 같았다.

첫 페이지가 열리자마자 가람이의 눈이 동그랗게 커지고 입이 딱 벌어졌다. 책 속의 그림이 마치 영화처럼 계속 움직이고 있었다. 처음에 멀리 보이던 눈 덮인 산꼭대기가 점점 가깝게 다가왔다. 그러더니 어느새 산과 호수, 푸른 벌판이 어우러진 장면으로 바뀌어 갔다.

"도대체 이게 뭐야?"

"나도 잘 몰라! 잠깐 보다 덮고 너 보여 주려고 가져온 거야. 그런데 되게 신기하지? 3D나 4D 영화처럼 새로 나온 기술로 만든 책 아닐까?"

보물이라도 발견한 것처럼 의기양양한 표정으로 말하는 솔이도 놀라기는 마찬가지였다. 책 속의 풍경은 둘에게 점점 더 가까이 다가왔다.

"우아, 신기하다! 진짜 실감 나. 그런데 그림이 점점 커지는 것 같지 않아?"

"어어, 난 우리가 작아지는 것 같은데?"

둘은 책에서 시선을 떼고 주변을 둘러보았다. 책상과 의자가 마치 거인이 사용하는 물건처럼 커지고 있었다.

"정말 그렇네! 그런데 솔이야, 너 몸이 점점 사라지고 있어."

"야! 그건 너도 마찬가지라고. 이게 대체 무슨 일이지?"

두 아이의 몸이 마치 연기라도 된 듯이 책 속으로 빨려 들어가고 있었다.

 법이 왜 필요해?

⚖️ 인간은 혼자 살 수 없어!

아주 오래전 그리스 철학자 아리스토텔레스는 '인간은 사회적 동물'이라고 말했어요. 인간은 혼자서 살 수 없고 사회를 이루어 다른 사람과 서로 도우며 함께 살아야 한다는 뜻이지요.

함께 사는 것은 여러 가지 면에서 유리해요. 사람들이 모여 있으면 사자나 호랑이 같은 힘센 동물들도 쉽게 다가올 수 없어요. 혼자서는 하지 못하는 일들도 할 수 있게 되지요.

⚖️ 모여 살면 갈등이 생긴다

문제는 사람들의 생각이 서로 달라 다툼이 생긴다는 거예요. 이걸 갈등이라고 해요. 사회에는 많은 사람이 모여 있기 때문에 갈등도 많이 생겨요. 그냥 내버려 두면 매일 싸움이 벌어지고 사회도 유지될 수 없겠죠. 갈등을 예방하고 해결하기 위해서는 규칙, 다시 말해 사회 규범이 필요해요. 도덕, 종교, 관습, 법과 같은 것이 사회 규범이에요. 그중에서도 **법은 갈등을 해결하는 가장 강력한 사회 규범이랍니다.**

누구의 말에 따라 갈등을 해결하면 좋을까요?

 법은 뭔가 다르다

⚖️ 개인의 양심에 따르는 도덕

지하철이나 버스를 타다 노약자에게 자리를 양보하는 것은 법으로 정해진 일이 아니에요. 지키지 않는다고 벌을 받지도 않지요. 이처럼 도덕은 개인의 양심에 따라 자율적으로 행동하는 규범이에요.

⚖️ 자연스럽게 생겨난 무의식적 규칙, 관습

관습은 설날이나 추석에 차례를 지내는 것처럼 법으로 정하지 않았지만 자연스럽게 생겨난 무의식적 규칙이에요. 관습을 지키는 것도 개인의 자유에 달려 있고, 어겨도 법적인 벌을 받지 않지요.

⚖️ 법은 모두가 따라야 해

도덕은 사람마다 행동의 기준이 다를 수 있어요. 종교적 규범도 종교에 따라 다르지요. 기독교에는 십계명이 있지만 불교에는 없고, 이슬람교는 돼지고기 먹는 것을 금지하지만 힌두교는 소고기 먹는 것을 금지하지요. 하지만 법은 그 사회 구성원 모두가 동일하게 따라야 해요. 도덕이나 관습과 달리 어기면 감옥에 갇히거나, 벌금을 내는 등 법에 따라 벌을 받지요.

 법의 종류가 궁금해

법을 좁게 이야기할 때는 국민의 대표인 국회 의원들이 의논하여 정한 헌법과 법률만을 말해요. 보통 우리가 말하는 법이 이때의 법이에요. 법 중 가장 높은 것은 헌법이에요. 그 아래로 법률, 명령, 자치 법규가 있는데, 모두 헌법에 따라 만들어져야 해요.

헌법 모든 법의 기초가 되는 법

법률 사람들의 권리와 의무를 정하는 법(민법, 형법 등)

명령 법률이 잘 시행될 수 있도록 도와주는 법

자치 법규 지방 의회와 지방 자치 단체에서 지방 행정을 잘 운영하기 위해 만드는 법

여기는 도대체 어디야?

"으아아악, 이게 뭐야?"

"꺄아악~, 나도 몰라!"

연기처럼 빨려 들어가는 솔이와 가람이의 입에서 커다란 비명이 새어 나왔다. 둘은 눈을 꼭 감고 있다가 정신을 잃었다.

한참 뒤 정신을 차린 솔이와 가람이는 서로 무사한 걸 확인하고 한숨을 내쉬며 주위를 살폈다. 멀리 눈 덮인 산꼭대기가 보이고, 가까이에는 맑은 호수와 푸른 풀로 덮인 벌판이 보였다.

"뭐야? 이거 아까 책에서 본 풍경 같은데?"

"헉, 혹시 우리가 도서관에 있다가 책 속으로 들어온 걸까?"

가람이가 벌떡 자리에서 일어났다. 등에는 교실에서부터 메고 온 가방이 있었다. 그 모습을 보고 솔이가 외쳤다.

"너 스마트폰 있어? 있으면 빨리 누구에게라도 전화 좀 해 봐."

"맞다! 스마트폰이 있었지."

가람이는 재빠르게 가방을 뒤졌다. 가방에는 교과서들과 과자 한 봉지가 들어 있었다. 가람이는 그 사이에서 스마트폰을 찾아 꺼냈다. 잠깐 환해졌던 가람이의 표정이 금방 다시 어두워졌다.

"큰일 났어. 아무것도 작동이 안 돼."

"뭐? 그럼 이제 어떻게 해!"

"일단 여기가 어디인지부터 확인하는 게 좋지 않을까?"

가람이의 말에 솔이가 엉덩이를 툭툭 털며 자리에서 일어났다.

"맞아, 그럼 난 잠깐 둘러보고 올게."

솔이는 가람이의 대답도 듣지 않고 호수 끝에 난 길로 뛰어갔다.

"야, 잠깐만! 어휴, 하여간 겁도 없지."

그런데 성큼성큼 가던 솔이가 갑자기 멈춰 섰다. 가람이가 다가가서 뭘 보냐며 묻자 솔이는 손가락으로 어딘가를 가리켰다.

"저게 뭐지?"

"멀리서 보기엔 강아지들 같은데……. 이런 데 강아지가 있나?"

고개를 갸웃거리는데 개들이 솔이와 가람이가 있는 쪽으로 천천히 다가오기 시작했다. 어느새 가까이 다가온 개들이 고개를 들어 둘을 바라보았다. 그때 무리에서 비글 한 마리가 나와 말했다.

"이 녀석들은 뭐지? 이 근처에선 처음 보는 녀석들인데?"

깜짝 놀란 솔이가 외쳤다.

"헉, 개가 말을?"

이번에는 비글이 호들갑스럽게 뒤로 펄쩍 뛰며 외쳤다.

"뭐야, 저 녀석! 말을 하네? 늑대들 스파이 아냐?"

늑대라는 말에 개들이 웅성댔다. 몇몇 개들은 잔뜩 웅크린 채 으르렁대기까지 했다. 금방이라도 달려들 것 같았다. 개들이 드러낸 날카로운 이빨에 놀란 가람이가 뒷걸음질했다.

놀랐던 솔이가 마음을 가다듬고 주먹을 쥐며 자세를 잡았다.

"어? 너희들, 지금 나랑 한번 해보자는 거야?"

솔이가 만만치 않아 보였는지 개들이 한 걸음 뒤로 물러섰다. 가람이도 주먹을 꾹 쥐고 솔이의 뒤에서 나와 옆에 나란히 섰다. 보이지 않는 선을 사이에 두고 긴장감이 흘렀다. 그때 강아지 무리에서 늠름하게 생긴 진돗개가 앞으로 나왔다.

"잠깐! 기다려 봐. 어쩌면 우리한테 필요한 녀석들일지도 몰라. 내가 어렸을 때 할아버지한테 들은 이야기가 있어. 아주 옛날에 저 녀석들처럼 두 발로 걷고 몸에 털이 없는 동물이 나타났는데, 무척 지혜로웠대."

진돗개의 말이 끝나자 솔이와 가람이를 보는 개들의 눈빛이 조금씩 바뀌어 갔다. 가람이와 솔이는 서로를 바라보며 소곤댔다.

"다행이야. 당장 우리한테 덤비진 않을 것 같아."

"흥! 덤벼도 상관없어. 그래도 싸우는 것보다는 평화가 낫지. 어쨌든 문제 일으키지 말고 여기 있다가 돌아갈 방법을 찾아보자."

"귓속말은 그만하는 게 어때? 나쁜 꿍꿍이가 있는 걸로 보일 수가 있어."

갑자기 차가워진 진돗개의 목소리에 당황한 가람이가 발을 헛디뎌 허둥대다 넘어졌다. 비글은 '흥!' 하고 코웃음을 치더니 얄밉게 비꼬았다.

"지혜롭다고? 저 녀석들 지금 하는 꼴을 보니까 바보에 더 가까운 것 같은데."

"시끄러워. 얘가 보기에 몸은 둔해도 공부는 우리 학교에서 제일 잘한단 말이야. 그리고 나도…… 음, 난 힘이 무척 세다고."

비글이 가람이를 비웃자 화가 난 솔이가 가람이 편을 들어 큰 소리로 대꾸했다. 차마 자기가 똑똑하다는 말은 나오지 않았다. 진돗개가 잠시 생각을 하더니 입을 열었다.

"그렇게 똑똑하다면 말이 아니라 행동으로 보여 주면 되겠지."

솔이는 아무 문제없다는 듯 두 손을 허리에 대고 외쳤다.

"뜸 들이지 말고 어서 말해. 우리가 다 해결해 줄 수 있으니까."

"그래? 그럼 지금부터 내 이야기를 듣고 해결책을 줘 봐."

시험하는 듯한 태도에 솔이는 속으로 생각했다.

'개들이 문제가 있어 봐야 얼마나 있겠어? 고작해야 오늘 저녁으로는 무얼 먹을지에 대한 고민 정도가 전부겠지!'

하지만 진돗개의 입에서 나온 말은 생각보다 가볍지 않았다.

"우리는 모두 늑대의 노예들이었어."

"뭐라고?"

솔이와 가람이는 놀랐지만, 진돗개는 담담히 말을 이었다.

"할아버지한테 들은 이야기야. 원래 자유롭게 살았던 우리 개들은 늑대들이 나타난 이후 문제가 생겼어. 무리를 지어 다니는 늑대들은 따로 떨어져 혼자 지내는 개들을 붙잡아 노예로 삼았지. 개들은 별다른 저항도 못 하고 순식간에 노예가 되었대. 그렇게 개들은 대를 이어 노예로 살게 됐어."

"저런! 힘을 합쳐서 이렇게 싸우면 되잖아."

말을 듣던 솔이가 안타까웠는지 주먹을 불끈 쥐어 싸우는 자세를 취했다. 진돗개가 그 모습을 보더니 자기도 주먹을 불끈 쥐었다.

"그래! 맞아. 우리 할아버지가 아파서 돌아가시기 전까지 늘 입버릇처럼 하던 말도 그거였어. '너희는 우리처럼 살지 말고 꼭 나라를 세워서 힘을 합치고 자유롭게 살아야 한다.'라고 했지."

"나라?"

진돗개의 입에서 나라라는 말이 나오자 가람이가 신기해하며 물었다.

"그래. 나라! 나라가 무엇인지 할아버지한테 물었더니 할아버지도 자세히는 모르지만, 우리가 함께 뭉쳐서 살아가면 그게 나라라고 했어."

모두 함께 살아가는 게 나라라는 말에 솔이가 고개를 끄덕였다.

"그때부터 난 내 또래 녀석들을 찾아가 설득했어. 자유롭게 살기 위해서는 늑대에게서 탈출해 모두 함께 살아야 한다고 했지. 어느 날 우리 개들은 밤중에 한꺼번에 탈출했지. 그리고 할아버지 말대로 모두가 함께 사는 나라를 만들었어."

"오! 정말 대단해! 그래서 어떻게 됐어?"

솔이와 가람이가 진심으로 감탄한 표정을 지었다. 둘은 기대하는 눈으로 뒷이야기를 기다렸다. 그런데 진돗개는 한숨을 푹 쉬더니 고개를 설레설레 저으며 말을 이었다.

"말도 마. 그야말로 난장판이 따로 없었어. 처음에는 모두 자유롭게 되어 행복했지. 하지만 점점 문제가 생겼어. 아무도 서로의 말을 듣지 않고 자기 멋대로 하기 시작했지. 위험하다고 멀리 가지 말라고 해도 아랑곳하지 않고 아무 데서나 자고, 또 새로 사귄 녀석이라고 아무 녀석이나 함부로 데리고 왔어. 그때마다 우리는 그 녀석들이 늑대들과 친한 녀석들인지 의심하다 서로 싸우기 시작했지.

그거 말고도 매일매일 싸움이 벌어지고 있어. 나라고 뭐고 이제 질렸다고 뿔뿔이 흩어지자는 녀석들도 많아. 나도 지치고 있고. 그런데 너희들이 정말 이 문제를 해결할 수 있단 말이야?"

진돗개가 말을 마치자 솔이가 고개를 숙이고 생각했다.

'생각보다 훨씬 큰 문제인데? 솔직히 못하겠다고 말할까?'

그때 가람이가 앞으로 나서며 말했다.

"물론이지. 모두 함께 모여 나라를 세우는 것까진 잘했어. 하지만 그것만으로는 나라가 유지될 수 없어."

"넌 그걸 어떻게 알지?"

"그건 우리도 다른 세계에서 나라를 이뤄 살고 있기 때문이야."

"정말? 그럼 어떻게 하면 돼?"

진돗개를 비롯한 개들이 모두 가람이를 쳐다보았다. 모두의 시선이 모이자 가람이는 어깨를 한 번 으쓱하더니 말을 이었다. 문득 어린이 법제관으로 활동하며 교칙을 정할 때의 기억이 났다.

"나라를 유지하려면 모두 함께 지켜야 할 규칙, 법이 반드시 필요해."

"규칙? 법?"

"그래. 법으로 나라를 다스리는 거야!"

"그럼 뭐가 좋은데?"

"지금 너희가 겪고 있는 여러 가지 문제를 해결할 수 있어. 예를 들어 위험하다고 이야기해도 아무 데서나 자는 녀석들이 골치라고

치자. 안전하다고 생각하는 장소를 미리 정해 놓고, 그 안에서만 생활하라는 규칙을 만드는 거야. 지키지 않으면 벌을 주고. 그러면 그 안에서만 생활하려고 하겠지?"

"안전한 장소라는 걸 어떻게 정해?"

"도움이 필요한 일이 생겼을 때, 늦지 않게 도와줄 수 있는 범위까지로 정하면 어때? 그리고 외부에서 오는 개를 받아들일 때도 규칙을 정해서 거기 속하는 녀석들만 들어올 수 있게 하는 거야."

"그렇군. 바깥에서 온 녀석들은 우리가 허락할 때만 들어올 수 있다고 규칙을 정하면 되겠군."

"바로 그거야! 그런 규칙을 우리 세계에선 법이라고 불러."

가람이가 손뼉을 치며 맞장구를 쳤다. 하지만 아직 진돗개는 궁금한 게 남은 것 같았다.

"그런데 규칙을 누가 정하지? 너나 내가 정하면 되는 건가?"

"아니! 너나 나는 단지 의견을 낼 수 있을 뿐이야. 모두에게 의견을 물어서 찬성하면 규칙이 되는 거지. 그때부터는 모두가 예외 없이 규칙에 따라 행동해야 해. 그래야 나라가 안정될 수 있어."

설명이 끝나자 진돗개가 진지한 표정으로 둘에게 말했다.

"역시 할아버지의 말이 틀리지 않았어. 좋아! 그럼 너희들에게 정식으로 부탁할게. 우리나라를 도와줘."

가람이는 기다렸다는 듯 손을 내밀었다.

"좋아! 하지만 조건이 있어. 우리가 도와주는 대신 너희도 우리가 원래 우리 세계로 돌아갈 수 있도록 도와줘야 해."

"물론이야. 내 이름을 걸고 약속할게."

"좋아! 나는 가람이, 여기는 솔이라고 해. 네 이름은 뭐야?"

"나는 진이야."

 헌법은 법들의 왕

저런, 늑대들로부터 달아나 나라를 세운 진이와 개들이 어려움을 겪고 있네요. 하지만 다행히 가람이와 솔이가 법으로 나라의 질서를 잡도록 도와주기로 했어요.

법으로 나라를 다스리기 위해서는 가장 먼저 헌법이 필요해요. 다른 법들이 기준을 두고 있는 게 헌법이기 때문이에요. 헌법은 국가의 성격, 국민과 영토의 범위, 그리고 국민의 권리와 의무 등을 정해요. 헌법은 모든 법들의 기준이 되는 법이기 때문에 중요해요.

한자로는 '법 헌(憲)' 자와 '법 법(法)' 자를 써요. 풀이하면 '법의 법'이라는 뜻이에요. 다시 말해 헌법이란 법들의 법, 즉 사람이 법을 지키듯이 법들이 꼭 지켜야 할 법이라는 뜻이에요. 그래서 헌법을 법 중에서도 가장 높은 법인 최고법이라고도 해요.

 ## 헌법 속 국가의 3요소

　국가의 가장 기본적인 법, 헌법에는 국가를 조직하고 운영하기 위해 필요한 모든 내용이 적혀 있어요. 국가를 조직하기 위해서는 세 가지 요소가 필요해요.

　첫 번째는 **주권**이에요. 주권은 국가를 다스리는 힘이에요. 국가의 주인이 되는 권리를 말하지요. 진이와 개들이 늑대들의 나라에서 도망쳐 자기들이 주인이 되는 새로운 나라를 세우자고 한 것이 바로 주권이지요. 다른 국가의 지배를 받는 공동체는 주권이 없어서 독립된 국가가 될 수 없어요.

　두 번째는 **국민**이에요. 국민은 국가에 소속되어 있는 구성원으로, 주권을 가진 사람을 말해요. 세 번째는 **영토**예요. 영토는 국민이 거주하면서 국가의 주권이 미치는 범위를 말해요.

대한민국 헌법 제1~3조

제1조　①대한민국은 민주 공화국이다.
　　　　②대한민국의 주권은 국민에게 있고, 모든 권력은 국민으로부터 나온다.
제2조　①대한민국의 국민이 되는 요건은 법률로 정한다.
　　　　②국가는 법률이 정하는 바에 의하여 재외국민을 보호할 의무를 진다.
제3조　대한민국의 영토는 한반도와 그 부속 도서로 한다.

헌법이 말하는 대한민국, 국민, 영토

⚖️ 대한민국은 민주 공화국이다!

헌법 제1조 제1항 '민주 공화국'에서 민주는 국민이 나라의 주인이라는 뜻이에요. 공화국은 왕 없이 모든 사람이 평등한 국가예요.

제2항의 주권이 국민에게 있으며 모든 권력은 국민으로부터 나온다는 말의 뜻은, 국가의 의사를 결정하는 권력이 신이나 왕이 아닌 국민에게 있다는 것이에요.

⚖️ 누가 국민일까?

제2조에서는 국민의 범위에 대해 법률로 정하라고 말하고 있어요. 우리나라는 헌법의 지시에 따라 국적법을 만들었어요. 국적법에 따르면 아기가 태어날 때 엄마나 아빠 둘 중 어느 한 명이라도 대한민국의 국민일 때 대한민국 국민이 돼요.

한편 외국인이라도 대한민국 국민으로서의 자격이 있으면 허가를 얻어 대한민국의 국민이 될 수 있어요. 이걸 귀화라고 해요.

귀화한 외국인에게 국적증서를 주는 기념식

제2조의 제2항은 외국에 살고 있는 국민, 재외국민을 보호하라는 내용이에요. 그래서 우리나라는 헌법에 따라 재외국민을 보호할 법률도 만들어 두었지요.

> Q. 다음 중 대한민국 국민이 아닌 아이는 누구일까요?
> ① 한국인 엄마와 외국인 아빠 사이에서 태어난 영주
> ② 외국인 엄마와 한국인 아빠 사이에서 태어난 수잔
> ③ 엄마, 아빠 모두 한국인인데 외국에서 태어난 제시카
> ④ 엄마, 아빠는 외국인인데 한국에서 태어난 주희

우리나라 땅을 정했다!

제3조에서는 대한민국의 영토를 정하고 있어요. 영토는 북한을 포함한 한반도와 독도를 포함하는 부속 섬들이지요. 그러므로 북한과 독도는 함부로 포기할 수 없는 우리나라의 영토가 되는 거예요.

정답 ④ 엄마, 아빠 둘 중 한 명이 대한민국 국민이면 그 아이는 대한민국 국적을 갖게 돼요. 주희의 엄마, 아빠는 모두 외국인이기 때문에 주희는 대한민국 국민이 아니랍니다.

뒤죽박죽
강아지 나라

하늘 높이 걸려 있던 해가 조금씩 서쪽으로 향하고 있었다. 주위의 공기도 조금씩 서늘해졌다. 가람이와 솔이가 개들을 따라 걸은 시간도 어느새 꽤 흘러 있었다. 개들은 이동할 때는 빠르다는 이유로 네발로 걸었지만, 평소에는 사람처럼 두 발로 서서 행동했다.

그사이 가람이와 진이는 벌써 친해졌는지 가는 동안 계속 이야기를 했다.

"그래서 어느 곳에 나라를 세우려고 한 거야?"

"처음에는 아무 생각이 없었지. 늑대들에게서 도망치는 게 제일 큰 문제였으니
까. 일단 무조건 잘 숨을 수 있는 외진 산속을 찾았어. 그러다 문득 생각이 났어. 하루 이틀은 외진 산속에 있을 수 있겠지만 물을 구하기가 어려워 오래 있기는 힘들겠더라고."

"그래서?"

"물이 근처에 있는 곳을 찾다가 강 주변에 나라를 만들었어. 물뿐 아니라 물고기도 많아서 먹이를 찾기 쉬웠지."

"역시 똑똑해. 우리 세계에서도 강이 있는 곳에 사람들이 모여 살기 시작했거든. 그러다 점점 커져서 큰 국가가 되었지."

가람이의 칭찬이 쑥스러웠는지 진이가 슬쩍 미소를 지으며 애써 다른 곳을 바라보았다. 가람이와 진이는 계속해서 나라에 대해 이야기를 나눴다.

'어이구, 절친 났네, 절친 났어. 좋아! 가람이 네가 그렇게 나온다면 나도 따로 친구를 찾아 보겠어.'

사이좋게 대화하는 둘의 모습에 솔이가 씩씩대며 속으로 중얼거렸다. 사실 솔이도 가람이와 진이의 대화에 끼고 싶었지만 너무 진지한 이야기들만 주고받고 있어서 별로 재미가 없었다. 게다가 솔이는 지금 강아지 나라의 상황보다 더 중요한 걸 알고 싶었다.

그때 솔이의 눈에 비글이 보였다. 처음 보았을 때부터 왠지 호들갑스럽고 말이 많아 보이던 녀석이다. 잘만 구슬리면 비글에게서 많은 정보를 얻을 수 있을 것 같았다. 솔이는 살짝 걸음을 옮겨 비글 옆으로 가서 어깨를 툭툭 쳤다.

"뭐야?"

처음 보았을 때처럼 비글이 호들갑을 떨며 크게 뒤로 움직였다.

"뭐긴 뭐야! 잠시 이야기 좀 나누며 친구가 되어 보자는 거지."

"무슨 이야기인데? 미리 말해 두지만 난 진이와 다르게 너희를 아직 믿지 않아."

비글은 경계하는 눈초리로 솔이를 바라보더니 고개를 다시 앞으로 돌렸다. 솔이는 참 의심도 많은 녀석이라고 생각했다. 어떻게 하면 말을 걸 수 있을까 고민하던 솔이는 가람이 가방에 과자 봉지가 있던 게 생각났다. 마침 가람이가 가방이 무겁다고 해서 솔이가 가지고 있었다. 가방에 손을 넣은 솔이는 과자를 하나 꺼냈다.

잠시 후 과자 냄새를 맡은 비글이 코를 킁킁거리더니 솔이 쪽으로 고개를 돌리며 말했다.

"뭐지? 이 맛있는 냄새는?"

"뭐긴, 이건 우리 사이 우정의 선물이지. 물론 그건 내 말에 잘

대답할 때 이야기지만 말이야."

솔이의 눈에 비글의 눈동자가 살짝 흔들리는 모습이 보였다.

"우선 우리가 서로를 알게 된 기념으로 하나 줄게!"

솔이의 말이 떨어지기가 무섭게 비글이 과자를 날름 물더니 와삭와삭 씹어 삼켰다.

"맛있지? 네가 날 도와준다면 더 줄 수 있는데……."

비글의 눈빛은 아까보다 더 흔들리고 있었다. 보아하니 맛있는 것과 아까 자기가 내뱉은 말 사이에서 고민하는 것 같았다.

하지만 비글의 고민은 오래가지 않았다. 솔이가 가방에서 과자 한 개를 더 꺼냈기 때문이었다.

"내 이름은 뽀! 나이는 두 살, 시원한 계곡에서 헤엄치는 걸 좋아해. 진이가 좋아서 여기 모여 있는 녀석들과 함께 따라다니고 있어. 마을에 있는 몇몇 녀석들은 진이를 싫어하기도 하지만……. 뭐, 그래도 진이는 우리 중 가장 똑똑하고 용기 있어! 자, 그리고 또 뭐든 궁금한 게 있으면 더 물어봐."

어느새 뽀는 솔이가 묻지도 않았는데 말을 줄줄 늘어놓고 있었다. 뺨에 묻은 과자 부스러기를 혀를 내밀어 깨끗이 핥는 모습이 아쉬워하는 것처럼 보였다. 입가에 미소를 띤 솔이가 드디어 알고 싶은 것을 물었다.

"좋아. 그럼 너 혹시 진이가 말했던 지혜로운 동물에 대해 알고 있어?"

"아! 사람? 알지. 아까 진이가 이야기하지 않았어?"

"그래, 역시 사람이라고 그러는구나. 하지만 난 조금 더 자세히 알고 싶단 말이야."

그러자 뽀가 이야기를 시작했다. 사람은 강아지 나라에 전해 내려오는 전설이었다. 아주 옛날에 개들은 뿔뿔이 흩어져 살았는데, 어느 날 솔이와 가람이처럼 불쑥 사람이 나타났다. 사람은 개들에게 말을 가르치고 함께 어울려서 살아가는 법을 알려 주었다. 그러다 갑자기 사라져 버렸고 아무도 찾지 못했다는 내용이었다.

이야기를 듣던 솔이는 금방 무슨 생각이 떠올랐다.

"내가 궁금한 게 바로 그거야. 사람이 어디에서 사라졌다는 내용은 없어?"

솔이가 다그치자 뽀가 황급히 말을 꺼냈다.

"어……. 그건 자세히 모르겠어. 전설에 따르면 어떤 개랑 같이 있다 갑자기 사라졌다는 것 같기도 하고."

바라는 답이 나오지 않자 솔이가 뽀의 눈을 뚫어지게 쳐다보았다. 하지만 아무리 봐도 뽀가 거짓말하는 것 같지는 않았다.

"자! 그럼 우정의 선물로 과자를 하나 더 줄게. 대신 사람에 대한 전설을 찾는 걸 돕겠다고 약속해 줄 수 있어?"

솔이의 제안에 뽀는 아무런 대답을 하지 않았다. 아무래도 진이의 허락을 받지 않은 게 마음에 걸리는 모양이었다. 하지만 뽀는 여전히 입맛을 다시며 가방을 힐끔거리고 있었다. 그 마음을 알아챘는지 솔이가 가방에 손을 집어넣어 과자를 꺼냈다.

"이제 마지막 기회야. 내 부탁을 들어주면 앞으로 나랑 친구가 되어 계속 과자를 먹을 수 있어. 하지만 그렇지 않으면 친구는커녕 과자도 없겠지. 넌 뭘 선택할 거야?"

"그야 물론 친구가 되는 거지."

솔이의 마지막 제안에 잠시 고민하던 뽀가 결정했는지 고개를 끄덕였다. 어차피 진이도 가람이와 친하게 지내는 것 같았기 때문이다. 웃으며 대답하는 뽀의 꼬리가 좌우로 신나게 움직였.

그때 멀리서 가람이가 부르는 소리가 들렸다.

"야! 이솔이. 아까부터 찾았는데 안 보이더니. 도대체 여기서 뭘 하고 있는 거야?"

"네가 할 일 하는 동안 난 내 할 일을 했지."

솔이는 천연덕스럽게 웃으며 가람이를 개들과 조금 떨어진 곳으로 끌고 가서 방금 뽀가 해 준 이야기를 들려주었다.

"오! 이솔이 잘했어. 네 말대로 뽀가 들려준 전설이 사실이라면 갑자기 사람이 사라진 데가 우리가 원래 세계로 돌아갈 수 있는 장소일 거야."

"맞아. 나는 너처럼 놀고 있지 않았다고."

가람이에게 칭찬을 듣자 솔이가 팔짱을 끼더니 의기양양한 표정으로 하늘을 보며 크게 웃었다.

"어휴, 잘난 척은. 하여간 칭찬을 한 내가 바보지. 나도 놀고만 있지 않았다고."

"넌 뭘 했는데?"

"진이에게 나라가 어떤 상태인지에 대해 들었고 얼마나 심각한 상황인지 알게 되었지."

가람이가 얼굴을 찌푸리자 솔이도 분위기를 파악한 듯 다급하게 물었다.

"어떤 상황인데? 그걸 네가 해결할 수 있어? 우리가 도와줘야 얘네도 우리를 도와줄 텐데, 그렇게 심각하면 어떡해?"

"좀 침착하게 있어 봐. 가 보면 바로 알 수 있을 거래. 그리고 내가 해야 할 일을 진이와 충분히 상의했으니까 준비만 하면 돼."

그때 개들이 발을 멈추었다. 어느새 진이가 둘의 옆에 와 조금 떨어진 곳을 손으로 가리키고 있었다.

"자! 저기가 우리들의 나라야. 하지만 큰 기대는 하지 마."

진이가 가리키는 곳에는 허술하게 지어진 집들이 이곳저곳에 자리해 있었다. 인간 세계에서 보던 개집과 비슷하게 생겼지만 그보다는 커서 여러 마리가 한집에 살 수 있어 보였다.

가람이와 솔이는 진이의 뒤를 따라 천천히 개들이 모여 사는 곳으로 향했다. 입구로 들어서자마자 둘은 진이의 말이 무슨 뜻인지 깨달았다.

마을 곳곳에는 여기저기에서 큰 소리와 함께 거친 말이 오고 가고 있었다. 심지어는 서로 멱살을 잡고 곧 몸싸움을 벌이기 직전인 개들도 있었다. 그 모습을 멍하니 바라만 보는 개들도 있었다. 그야말로 어떤 규칙도 질서도 없는 모습이었다.

진이가 땅이 꺼질 듯 한숨을 쉬며 말했다.

"똑똑히 봤지? 이게 이 나라의 현실이야."

"말 그대로 개판이네."

"아니, 김가람! 너도 그런 말을 쓸 줄 알아?"

"흠흠, 개판이 아니라 난장판……. 이솔이 너한테 옮은 거잖아!"

"훗, 이 몸의 영향력이란! 그런데 진이야, 저기 저 개들은 왜 싸우는 거야?"

솔이가 슬그머니 말을 돌리자 가람이와 진이도 그곳으로 고개를 돌렸다.

불도그 여러 마리와 시베리아허스키를 닮은 강아지들이 싸우고 있었다. 허스키를 닮은 강아지들은 세 마리밖에 되지 않아 불리해 보였다.

"아! 저 녀석들은 반은 늑대의 피를 받았어. 그러다 보니 다른 개들이 우리와 다르다고 싫어해서 저렇게 싸움이 나곤 해. 저 중에 제일 큰 녀석이 벤인데 그럴 때마다 절대 물러서지 않아서 싸움이 커지곤 하지."

"말도 안 돼! 피가 섞였든 그렇지 않든 쟤들도 여기 있는 이상 너희 동료잖아. 그런데 저렇게 차별한단 말이야?"

화가 난 솔이가 큰 소리로 외쳤다. 불도그들이 솔이가 있는 쪽을 바라보았다. 불도그들은 진이와 그 친구들을 발견하고 재빠르게 다

잠깐! 차별을 금지하는 법은 없을까요?

우리나라는 헌법 제11조 제1항이 차별 금지와 관련이 있어요. '모든 국민은 법 앞에 평등하다. 누구든지 성별·종교 또는 사회적 신분 때문에 정치적·경제적·사회적·문화적 생활에서 차별을 받지 않는다.'라고 정하고 있지요.

헌법이 정한 차별 금지를 지키기 위해 우리나라에서는 '양성평등기본법', '장애인 차별금지법'과 같은 법을 제정하고 있어요.

이외에도 우리나라에서는 포괄적 차별금지법을 제정하기 위해 준비 중이에요. 연령, 인종, 피부색, 출신 민족과 지역, 장애, 신체 조건, 종교, 정치적 의견, 혼인, 임신 등을 이유로 어떤 차별도 받지 않아야 한다는 내용이지요.

른 곳으로 사라졌다.

"당연히 차별은 나쁘지. 그런데 아무리 설명해도 말을 안 듣는 녀석들이 있어. 이렇게 우리가 있으면 괴롭히지 않지만 없을 때 또 괴롭히는 거지."

"그럼 너희가 계속 여기 있으면 되는 거 아냐?"

"그러면 좋겠지만 우리는 다른 개들을 위해 먹을 것을 구해야 하고, 주위도 살펴야 하고, 할 일이 많아."

진이가 어쩔 수 없다는 표정으로 말했다. 진이 뒤에 서 있던 다른 개들도 비슷한 표정이었다. 그때 멀리서 개 한 마리가 입에 작은 새를 물고 빠르게 뛰어갔다. 그 뒤를 다른 개들이 소리를 지르며 쫓고 있었다.

"저 녀석들은 함께 사냥하던 녀석들인데 누가 오늘의 사냥감을 가져갈까 싸우는 거야. 오늘은 제일 빠른 녀석이 차지해서 가져가는 모양이네."

진이의 말에 이번에는 가람이가 물었다.

"다른 규칙은 없어?"

"없어. 그냥 어떤 날은 힘센 녀석이, 다른 날은 저렇게 빠른 녀석이, 아니면 운이 좋은 녀석이 가져가. 그러다 보니 매일 오늘처럼 소란이지."

"싸움이 끊이지 않는 이유를 알겠어."

가람이가 이제 다 알겠다는 듯 고개를 끄덕이자 진이가 기대에 찬 눈으로 물었다.

"그럼 이 문제를 해결할 수 있겠어?"

"장담은 못 해. 하지만 아까 우리가 오면서 이야기한 대로 하면 가능할지도 몰라."

"좋아. 그럼 네가 말한 대로 지금부터 모두를 한곳에 모을 테니 부탁해."

말을 마친 진이는 친구들을 데리고 흩어졌다. 마을에 있는 개들을 한곳에 모으려는 것 같았다. 개들은 매일 서로 싸우지만 진이의 말은 잘 듣는 편이었는지 곧 모두가 마을 가운데 있는 넓은 공터에 모였다. 그런 중에도 서로 다투려는 개들이 있었지만 뽀와 친구들이 있어 더는 다투지 못했다. 마침내 개들이 조용해지자 진이가 가운데로 나가 무거운 표정으로 말을 시작했다.

"오늘은 아마도 우리가 이렇게 지내는 마지막 날이 될 거야. 알다시피 나는 매일 이렇게 싸우고 지내는 것에 지쳤어. 그래서 나는 함께 사는 것을 포기하려고 했지. 그런데 바로 오늘 나는 전설을 만난 거야."

마지막 날이라는 진이의 말에 공터에 모인 개들이 웅성대기 시작했다. 하지만 진이의 다음 이야기가 궁금했는지 웅성거림은 곧 잦아들었다.

"바로 사람이야. 나는 오늘 이 자리에 사람을 데리고 왔어. 그리고 사람은 전설대로 우리를 행복하게 해 줄 수 있을 거야. 그러니 모두 사람의 말을 들어 줬으면 좋겠어."

말을 마친 진이는 가운데에서 한 걸음 물러났다. 솔이와 가람이를 처음 본 개들은 낯선 둘의 모습을 보고 다시 웅성거리기 시작했다. 개들도 대부분 사람에 대한 전설을 알고 있었다. 호기심 많은 개들은 기대에 찬 눈빛으로 둘을 보고 있었다.

그때 진이가 가람이를 바라보며 '자, 이제 부탁해.' 하고 조용한 소리로 말했다. 그 모습을 본 가람이는 결심했는지 입술을 굳게 다물고 고개를 끄덕이며 가운데로 나갔다.

"모두 잘 들었지? 내가 바로 너희들이 기다리던 전설 속의 사람이야. 그리고 너희들이 사는 모습은 여기에 오는 동안 진이에게 듣고 내가 직접 보았어. 정말 말 그대로 개판이더군."

기대와 달리 가람이가 독한 말을 하자 개들이 우우 야유를 하기 시작했다. 하지만 가람이는 야유가 들리지 않는다는 듯 말을 이어 나갔다.

"그래서 나는 너희들을 도우려고 해. 만약 내 말을 듣는다면 여기서 함께 살 수 있을 거야."

말을 듣지 않으면 떠나라는 가람이의 말에 가람이와 진이를 뺀

모두가 놀랐다. 진이의 친구인 뽀도 마찬가지였다. 성질 급한 뽀가 바로 물었다.

"어떻게 할 건데?"

"나는 이제 너희들이 할 수 있는 것과 하지 않아야 할 것들을 정한 규칙을 말해 줄 거야. 그리고 규칙을 지키지 않는 녀석들은 찾아서 혼내 줄 거야."

"그게 가능해? 누가 항상 보고 있는 것도 아닌데 어떻게 찾아서 혼을 내지?"

이번에도 누가 끼어들세라 재빠르게 뽀가 물었다. 다른 개들도 뽀랑 비슷한 생각을 하는지 아무런 불만 없이 모두 가람이를 보며 대답을 기다리고 있었다.

"누가 항상 보고 있게 하면 되지. 오늘부터 진이와 진이 친구들이 그 일을 하면 어때? 규칙을 어기고 다른 개를 괴롭히는 녀석들이 있는지 살피는 일이야."

그러자 바로 뽀의 입에서 불평이 터져 나왔다.

"말도 안 돼. 그렇게 남을 도와주기만 하면 우리는 뭘 먹고 살라는 거야?"

"괜찮아. 너희는 굶지 않을 거야. 너희가 다른 녀석들을 지켜 주는 대신, 너희를 제외한 다른 개들이 자기의 재산에서 조금씩 내서 너희 먹을 것을 마련해 주도록 하면 돼."

그러자 이번에는 진이와 친구들 쪽이 아닌 다른 쪽에서 불평이 터져 나왔다. 그중에는 날렵한 몸매를 가진 셰퍼드도 있었다. 셰퍼드는 다른 개들의 불만을 가라앉히더니 일어나서 가람이를 보며 말했다.

"일단 내 소개부터 하지. 난 톰이라고 해. 네 말대로 우리가 재산을 조금씩 낸다고 쳐. 그럼 도대체 우리가 얻는 게 뭐지?"

"만일 그렇게 된다면 앞으로 너희는 다른 개들과 종이 다르거나 힘이 약하다고 차별받지 않을 거야. 게다가 항상 여기를 지키는 개가 생기니까, 다른 동물들이 쳐들어오지 못할 거야. 그러면 지금보다 안전할 수 있어."

가람이의 말이 끝나자 톰과 다른 개들이 이런저런 생각을 하는지 조용해졌다. 그때 한 개가 일어나 침묵을 깨며 외쳤다. 조금 전 불도그와 다투던 허스키를 닮은 강아지 중 첫째인 벤이었다.

"난 찬성이야. 난 개들이 좋아서 왔어. 하지만 이대로 차별받고 매일 싸울 바엔 동생들을 데리고 여길 떠나는 게 나아."

벤의 말이 끝나자 마치 신호처럼 여기저기에서 찬성한다는 말이 쏟아져 나왔다. 다들 다른 개들과 매일매일 싸우는 게 지겨웠기 때문이었다. 공터가 시끄러워지자 톰이 진이를 보며 물었다.

"진이야, 난 항상 너를 믿고 있었어. 그럼 혹시 너도 저 사람이라는 녀석의 말에 찬성하는 거야?"

그러자 진이가 고개를 끄덕이며 말했다.

"물론이야! 가장 먼저 찬성한 게 바로 나니까. 그리고 앞으로 우리나라에서 벌어지는 사건들은 저 녀석이 재판이란 걸 통해 판단할 거야."

"좋아. 나는 아직 믿기지 않지만 네가 저 녀석을 믿는다면 나도 한번 믿어 볼게."

잠깐! 재판이 뭐예요?

　재판이란 사람들 사이에서 벌어진 갈등이나 다툼을 폭력이나 다수결이 아닌 법을 통해 해결하는 절차를 말해요. 국가의 공식적인 절차에 따라 이루어지지요.

　재판은 사람들 사이의 다툼을 최종적으로 해결하는 것인 만큼, 사람들이 억울해하지 않기 위한 제도를 마련해 두었어요. 대표적인 것이 삼심 제도예요. 같은 사건을 서로 다른 재판관에게 세 번까지 재판받을 수 있어요.

　세 번의 심사를 거쳐 판단이 내려졌다면 재판 결과는 거부할 수 없으며 모두 받아들여야 해요. 재판은 오늘날 가장 확실한 갈등 해결 수단이에요. 하지만 절차가 복잡하고 시간과 비용이 많이 든다는 단점이 있어요.

　재판에도 여러 가지 종류가 있어요. 개인 간의 다툼을 해결하는 민사 재판, 범죄를 저지른 사람에게 벌을 주기 위해 하는 형사 재판, 행정 기관이 국민의 권리를 침해하였는지 가려내는 행정 재판, 선거에 관련된 선거 재판, 가족 및 친족 간의 다툼을 해결하는 가사 재판, 특허권이나 상표권과 관련된 다툼을 해결하는 특허 재판이 있지요.

　재판 절차와 방법 등은 소송법이라는 특별한 법에서 정하고 있어요. 소송법에 대해서는 뒤의 이야기에서 더 자세히 살펴보아요.

자유와 행복을 보장하는 헌법

불도그와 벤 형제들의 다툼이 큰 싸움으로 번질 뻔했는데 다행히 멈추게 되었네요. 하지만 적절한 규칙을 만들어 놓지 않으면 싸움은 계속 반복될 거예요. 위험에서 자신을 지키기 위해 국가를 만들었는데, 오히려 국가 안에서 싸움이 일어나다니…… 뭔가 방법이 없을까요?

⚖️ 기본권을 지켜라!

국가는 모든 국민이 행복할 수 있도록 도와야 해요. **인간이라면 누구나 마땅히 누려야 할 권리, 기본권**을 지켜 줘야 하지요. 헌법은 기본권이 다른 사람에게 방해받지 않도록 보호하는 내용을 담고 있어요.

⚖️ 기본권의 종류

기본권에는 자유와 관련된 것이 많은데 신체의 자유, 사생활의 자유, 사상의 자유, 표현의 자유, 재산권 등이 있어요. 이외에도 행복 추구권, 공정한 재판을 받을 권리, 인간답게 살 권리 등 많이 있지요. 기본권은 어떤 법으로도 침해할 수 없어요. 법이 정하기 전에 하늘이 내려 준 권리라는 의미에서 '천부 인권'이라고도 해요.

신체의 자유 다른 사람은 정당한 절차 없이 나의 생명이나 신체를 함부로 훼손하지 못해요. 함부로 체포하거나 가두거나 일을 시킬 수도 없지요.

사생활의 자유 누구나 자신이 원하는 곳에 살거나 이사할 자유, 사생활의 비밀을 지킬 자유가 있어요. 전화나 메시지로 자유롭게 이야기를 나눌 권리도 있지요.

사상과 표현의 자유 내가 원하는 대로 생각하고 표현할 수 있는 자유예요. 내 양심이나 종교에 따를 자유, 공부하고 연구 결과를 발표하고 가르칠 자유, 예술 작품을 만들 자유가 포함돼요.

재산권 개인이 재산을 가질 수 있는 권리예요. 자기 재산을 자유롭게 사용할 권리도 포함돼요.

행복 추구권 인간으로서 행복한 삶을 이루고 살 권리예요.

공정한 재판을 받을 권리 다른 사람과 갈등이 생기면 재판을 통해 그것을 해결하기도 해요. 이때 공정하게 재판을 받을 수 있다는 의미예요.

인간답게 살 권리 가난 등으로 생활이 어려울 때에도 인간답게 살 권리가 있어요. 교육받을 권리나 일할 수 있는 권리도 이것으로 보장돼요.

 국민을 위해 봉사하는 국가와 공무원

국가는 모든 국민이 가지는 이런 권리를 지켜 주어야 해요. 국가가 해야 하는 일이 정말 많겠지요? 국가는 일을 하기 위해 국민의 뜻을 모아야 해요. 국민이 국가의 주인이니까요. 그런데 여기에 조금 문제가 있어요. 일이 생길 때마다 모든 국민이 모여서 의견을 모으는 것은 실제로 불가능하다는 거예요. 예를 들어 전염병이 퍼지고 있거나 전쟁이 났을 때, 모든 국민이 모일 때까지 기다리고 의견을 나누고 결정을 내린다면 어떨까요? 사건에 너무 늦게 대응하게 될 거예요. 결정이 날 때까지 국민들은 각자 해야 할 일을 하지 못할 수도 있고요.

공무원은 국민을 대신해서 일하고 국민의 권리를 지켜 주는 직업이에요. 대표적으로 경찰, 군인, 소방대원, 선거로 뽑힌 국회 의원 등이 있어요.

공무원 중에도 국민의 권리나 의무에 관계된 사항을 정하는 일을 하는 공무원들은 국민이 직접 투표로 뽑기도 해요. 국회 의원이나 대통령이 그렇지요. 이를 선거 제도라고 해요. 모든 국민은 **자신이 직접 선거에 나설 권리, 후보자에게 투표할 권리**가 있어요. 이걸 **국민이 정치에 참여할 수 있는 권리**라고 해서 **참정권**이라 불러요. 참정권도 국민이 가질 수 있는 기본적인 권리 중 하나예요.

국민에게 의무가 있다고?

　국가가 여러 제도를 통해 국민의 생활을 안전하고 행복하게 지켜 주려면 국민들의 노력도 필요해요. 국민에게도 자신의 기본권을 지키기 위한 의무가 있는 것이지요.

　우리나라 국민은 국가를 지키기 위해 직접 군대를 가거나 후방에서 지원하는 역할(국방의 의무)을 해요. 또한 자신의 재산 일부를 세금으로 내어(납세의 의무) 선거 제도나 공무원 제도 등 여러 제도가 운영될 수 있도록 도와야 해요.

　국방의 의무와 납세의 의무는 국민의 기본적인 의무예요. 이 밖에도 국민은 국가를 발전시키기 위해 열심히 일해야 하고(근로의 의무), 다음 세대들이 행복하게 살 수 있도록 교육을 받게 하고 환경을 보전해야 할 의무 등을 지고 있어요.

핵심 콕! 헌법 정리

헌법은 모든 법 위에 있는 최고법이에요. 우리나라 헌법은 국민이 인간의 존엄을 가지고 인간답게 생활할 수 있도록 지켜 주기 위해 다음과 같은 것들을 규정해요.
⋯▶ 국가를 이루는 3요소(국민, 주권, 영토), 국민의 권리와 의무, 국가를 운영하는 제도

친해도 재산은 못 줘!

"어이! 톰, 여기 상황은 어때?"

"경계 중 이상 없음! 여기에 늑대는 한 마리도 보이지 않아."

진이의 물음에 톰이 씩씩한 목소리로 대답했다. 시린 바람이 개들의 털끝까지 꽁꽁 얼게 하는 날씨였다. 호수 뒤에 있는 산 정상에 서면 개들이 사는 마을 전체가 보였다. 멀리서 수상한 녀석들이 나타나면 언제든지 봉우리에 있는 봉화대에 불을 붙여 마을로 신호를 보내기로 되어 있었다.

"미안해. 너한테 이렇게 힘든 일을 부탁해서."

"무슨 소리야. 모두가 안전할 수 있다면 그걸로 좋아. 또 나

혼자만 지키는 것도 아니잖아."

개들이 가람이를 믿겠다던 그날 밤, 진이는 톰에게 나라의 경계를 부탁했다. 진이의 부탁에 톰과 그 친구들은 기꺼이 산봉우리에서 하루 종일 교대로 나라를 지키는 역할을 맡았다. 그때부터였다. 마을의 모든 개들은 더 이상 밤에 신경을 곤두세울 필요 없이 편안한 잠을 잘 수 있었다. 찬 바람이 얼굴을 스치자 진이는 새삼 톰이 고맙게 느껴졌다. 그런 진이의 눈빛이 부담스러웠는지 톰이 다른 이야기를 꺼냈다.

"그 녀석들은 어때?"

"그 녀석들이라니? 혹시 내가 데려온 녀석들 말이야?"

"그래, 사람! 네가 생각하기에 전설이랑 비슷한 것 같아?"

톰의 물음에 진이가 잠시 생각에 잠겼다. 가람이가 공터에서 규칙을 정한 이후로 강아지 나라는 모든 것이 빠르게 안정되고 있었다. 톰은 나라의 바깥을 지켰고, 진이는 나라의 안쪽을 지켰다. 또한 나라에 있는 모든 개는 존엄성을 가지므로 서로 평등하고 존중을 받아야 한다는 규칙이 개들 사이에서 놀라울 정도로 빠르게 퍼져 나갔다.

서로를 존중하다 보니 자연스럽게 다른 규칙들도 생겼다. 남을

함부로 때리거나 험한 말 하지 않기, 주인의 허락 없이 남의 물건 가져가지 않기 같은 규칙이다. 다툼이 생기면 진이와 친구들이 나서서 말렸다. 그래도 해결되지 않으면 가람이에게 데려가 재판을 맡겼다. 가람이의 이야기를 들은 개들은 대부분 고개를 끄덕이며 서로의 잘못을 인정했다.

끝까지 해결되지 않는 경우도 있었지만 그때는 다른 개들과 함께 정한 규칙에 따르도록 했다. 억울한 생각이 드는 개들도 있었지만 그래도 하루도 빠짐없이 다툼이 벌어지던 예전보다는 훨씬 살기 좋아진 것이 분명했다.

"여러 번 생각해도 맞는 것 같아. 그래서 더 걱정이야."

한참 동안 전설이 전하는 내용을 생각하던 진이는 어두운 표정으로 톰의 물음에 대답했다.

"그렇지? 이번에는 전설의 마지막처럼 잘못되지 않아야 되는데 말이야."

톰도 진이와 마찬가지로 눈빛에 그늘이 졌다.

톰과 진이가 산 정상에서 전설에 대한 이야기를 나누는 동안 산 아래에서는 솔이가 뾰족한 목소리로 가람이에게 무언가를 따지고 있었다.

"요즘 왜 이렇게 얼굴 보기가 힘들어?"

"몰라서 물어? 규칙을 만들고 알리느라 고생하고 있잖아. 그러는 너야말로 도대체 어디서 뭘 하는 건데?"

"어휴! 하여간 뭐 하나에 신경 쓰면 다른 건 전혀 생각하지 않는다니까."

"내가 뭘! 열심히 하는 것도 죄야?"

한심하다는 눈빛으로 혀를 차자 가람이가 억울했는지 입을 삐죽 내밀었다.

"너! 집으로 안 돌아갈 거야?"

가람이는 그제야 '아차' 하는 생각이 들었다. 사실 어린이 법제관으로 활동하던 내용을 강아지 나라에서 실제로 해 보는 게 너무 재미있어서 다시 돌아가야 한다는 생각은 못 하고 있었다.

"하여간 매일 잘난 척만 하지 실속은 없다니까. 어쨌든 그건 내가 다 조사하고 있으니까 넌 여기서 평소 하던 대로 해."

"정말이야? 난 네가 매일 놀러 다니는 줄 알았지. 뭐 알아낸 거

있어?"

가람이 말에 솔이가 '쉿!' 하는 소리와 함께 손가락을 들어 입술을 가렸다. 잠시 후 주변을 살피던 솔이는 아무도 없는 걸 확인한 뒤 입을 열었다.

"그게 말이야. 내가 뽀의 도움을 받으며 이리저리 조사해 봤는데 아무래도 조금 수상해."

수상하다는 말에 가람이도 주위를 살피며 솔이에게 바짝 다가가 귀를 기울였다.

"처음에는 어린 강아지들에게 물었는데 알고 있는 게 별로 없더라고."

"그래서?"

"그다음에는 나이가 조금 있는 할머니나 할아버지한테 가 봤어. 아무래도 어린 녀석들보다는 경험이 있을 테니까."

"궁금하니까 자꾸 뜸 들이지 말고 끝까지 얘기해 줘."

솔이가 자꾸 말을 멈추자 가람이가 답답하다는 듯 이야기를 재촉했다.

"성격도 급하긴. 하여간 나이 많은 개들도 어린 녀석들과 별 차이 없었어. 다들 뽀와 비슷한 소리만 하더라고. 그래서 포기하려다

우연히 어떤 할아버지를 만났어. 금색 털의 레트리버였는데 성격이 정말 사교적이었어. 매일 새로운 친구들과 만나고 식사도 하고 인기도 많았지. 나도 이야기하다 보니 좋아할 수밖에 없더라고. 게다가 굉장히 부지런해서 그 짧은 시간에도 모아 놓은 재산이 많았어."

"그게 우리가 알고 싶은 거랑 상관이 있어?"

"일단 끝까지 들어 봐. 전설에 대해서도 말했는데 전혀 새로운 이야기였어. 전설은 내가 생각하는 것처럼 아름다운 이야기로 끝나지 않았다고 말이야. 그러더니 거기서 말을 멈추더라고."

이야기를 듣던 가람이의 얼굴빛이 변했다. 다급해진 가람이가 조용하라던 솔이의 주의도 잊고 큰 소리로 물었다.

"그다음은?"

"계속 졸라도 나중에 더 친해지면 이야기해 준다고 허허 웃기만 했어."

"그럼 계속 가서 조르면 되겠네."

"나도 그러려고 했어. 그런데 문제가 생긴 거야. 오늘 다시 가 봤더니 글쎄 할아버지가 갑자기 죽은 거야."

"뭐라고? 그럼 이제 우린 어떻게 하지?"

"그것만 문제가 아냐. 지금 그 집에 아주 난리가 났어."

"무슨 난리가 났는데?"

"할아버지가 갑자기 죽어서, 지금 할아버지와 관계가 있는 거의 모든 개가 몰려와 있어. 다들 자기가 제일 친했으니 재산을 가져야 한다고 주장하고 있지."

"뭐? 그런 게 어디 있어."

가람이는 황당하다는 표정으로 솔이를 바라보았다.

"그게 지금 너를 찾은 이유야. 이걸 해결하면 전설의 비밀을 알 수 있을지도 몰라. 그 집 할머니와 딸도 무언가 알고 있는 것처럼 느껴졌거든."

"좋아. 그럼 당장 거기로 가 보자."

외출 준비를 마친 둘은 서둘러 바깥으로 나갔다. 할아버지네 집은 금방 찾을 수 있었다. 마을에서 가장 크고 높은 집이었기 때문이다. 마을 어디서 보아도 높은 지붕이 보였다.

도착해서 가람이가 처음 본 풍경은 어마어마한 수의 개들이 마당에 모여 슬피 울고 있는 모습이었다. 하지만 자세히 보니 그 표정이 조금씩 달랐다. 무척 슬피 우는 개들도 있었지만 우는 척만 하는 개들도 있었다. 그때 할머니 개가 천천히 가람이에게 다가와 말을 건넸다.

"네가 재판을 한다는 그 사람이구나. 우리 문제를 해결해 줄 수 있겠니?"

부드러운 목소리에 가람이는 편안함을 느꼈다. 마치 원래 세계에 있는 할머니를 만나는 느낌이었다. 가람이는 할머니를 보고 약속이라도 하듯 고개를 끄덕이고 개들이 있는 마당으로 갔다. 몇몇 개들이 가람이를 알아보고 사람이 왔다고 소리쳤다. 소리는 이곳저곳으로 퍼지더니 잠시 후 모든 개들이 웅성거림을 멈추고 가람이를 바라보고 있었다. 개들이 이야기를 들을 준비가 되자 가람이가 목소리에 힘을 주어 말하기 시작했다.

"모두 내가 여기 온 이유를 알고 있을 거라고 믿어. 지금부터 할아버지의 재산을 어떤 기준에 따라서 공평하게 나눌 거야. 기준은 나중에 말해 줄게. 지금부터 모두 내가 시키는 대로 해 주면 좋겠어. 알았지?"

가람이가 말을 마치자 자리에 있던 모든 개들이 고개를 끄덕였다. 가람이가 규칙을 정한 이후부터 사람이 무슨 일이든 공평하게 재판한다는 소문은 이미 개들 사이에서 널리 퍼져 있었다.

"좋아. 그럼 지금부터 하나씩 일어나서 자신이 왜 할아버지의 재산을 나눠 가져야 하는지 이유를 말해 줘."

가장 먼저 일어난 건 핏불이었다. 핏불은 무서운 얼굴에 어울리지 않게 눈물을 보이며 이야기했다.

"난 영감의 제일 친한 친구야. 우리는 적어도 일주일에 한 번은 꼭 밥을 같이 먹었다고."

"아냐, 내가 제일 제일 친해. 난 영감이랑 일주일에 두 번 밥을 먹었어."

핏불의 뒤를 이은 건 스피츠였다. 스피츠는 자신이 핏불보다 더 자주 밥을 먹었다며 자기가 할아버지와 더 친하다는 걸 이야기했다. 그러자 너도나도 일어나더니 서로 자기가 핏불이나 스피츠보다 할아버지와 친하다고 주장했다. 자리가 소란해지자 가람이가 상황을 정리했다.

"그래, 좋아. 이제 다들 친하다는 건 알았으니까 다른 이유도 이야기해 줄래?"

다시 다들 하나씩 일어나 자기가 재산을 가져야 할 이유를 이야기했다.

"나는 예전에 할아버지가 크게 다쳤을 때 치료해 준 은인이야."

"나는 할아버지의 딸이야. 할아버지의 가족이지."

"나는 할아버지한테 수레를 팔았어. 하지만 아직 돈을 못 받았어. 보라고! 여기에 할아버지가 증거로 찍은 발 도장이 있어."

"그건 나도 갖고 있어. 예전에 할아버지가 나랑 술을 마시다가 잔뜩 취해서 나한테 전 재산을 준다고 하고 여기 발 도장을 찍었다고. 증인도 있어."

나머지도 다 비슷한 내용이었다. 다들 자기가 할아버지의 친구나 은인, 친척이라는 이야기였다. 이야기가 모두 끝나자 가람이가 자리에서 일어났다.

"지금부터 내가 이야기하는 개는 자격이 없으니까 여기서 나가 줘. 가장 먼저 할아버지의 친구들이야."

친구라는 말에 마당이 웅성거렸다. 마당에 가장 많은 것도 친구였다. 조금 전에 다투던 핏불과 스피츠도 입을 모아 외쳤다.

"도대체 이유가 뭐야?"

"친구라는 게 누군가의 재산을 반드시 받아야 되는 확실한 기준은 아니야. 친하다는 건 각자 생각하기에 전부 다른 거니까. 할아버지의 은인도 마찬가지야. 착한 일은 좋은 거지만 그것도 확실한 기준이 될 순 없어."

아직 이해가 되지 않았는지 다시 핏불이 외쳤다.

"그럼 확실한 기준은 뭔데?"

"약속을 하지 않았어도 재산을 받을 필요가 있는 분들, 바로 가족이야. 가족은 친하거나 착한 것과 상관없이 언제 어디서 누가 보더라도 변함없이 가족이지. 또 할아버지가 돌아가시기 전에 재산을 주기로 약속했다면 그분도 받을 자격이 있어. 지금처럼 모두가 다 친구이자 은인이라며 온다고 아무나 다 나눠 주는 게 아니야."

핏불과 스피츠가 천천히 고개를 끄덕였다. 둘은 진짜로 할아버지와 친한 사이였다. 하지만 자기들이 재산을 받게 되면 할아버지와 별로 친하지 않은 개들한테도 재산을 줘야 하는 게 싫었다. 핏불과 스피츠는 아무 말도 하지 않고 마당을 나갔다. 다른 개들도 우르르 둘을 따랐다.

마당에는 이제 할머니와 딸, 그리고 할아버지의 발 도장을 가진 개 두 마리만 남았다.

"이제 할아버지의 재산은 여기 있는 할머니와 딸이 반씩 가지면 될 거야."

"잠깐! 조금 전에 약속이 있으면 받을 수 있다고 했잖아."

"맞아. 분명히 할아버지가 전 재산을 주기로 약속했어. 그러니 빨리 나에게 줘."

다른 개 둘이 재빠르게 끼어들자, 가람이가 다시 말을 이었다.

"그래. 여기 수레를 판 개한테는 죽기 전에 한 약속이니까 수레 값만큼 돈을 줘야 해. 하지만 전 재산을 주기로 한 약속은 지키지 않아도 돼."

"왜 쟤는 되고 나는 안 된다는 거야?"

"할아버지는 그 약속을 할 때 술에 잔뜩 취해 있었어. 그렇다면 그 약속은 진짜라고 보기 어려워. 제정신일 때 제대로 한 약속이 아니니까. 장난으로 한 약속일 수도 있지. 하지만 수레는 할아버지가 사용하기 위해 진심으로 산 거였어. 그러니 꼭 갚아야 하는 거지."

그 말을 들은 개가 손에 든 종이를 구기더니 밖으로 나갔다.

사건이 정리되자 처음부터 끝까지 보고 있던 솔이가 드디어 입을 열었다.

"오! 김가람, 제법인데?"

"이 정도야 뭐. 내가 원래 한 법 하잖아."

그때 할아버지의 딸이 다가와 말을 건넸다.

"모든 걸 잘 해결해 줘서 정말 고마워."

"뭐, 당연히 해야 할 일을 한 것뿐이야."

"사실 돌아가시기 전에 우리 아버지가 사람이 다시 찾아오면 꼭 해 주라는 말이 있었어."

할아버지 딸의 말에 솔이와 가람이가 귀를 쫑긋 세웠다.

"사실…… 사람은 그냥 사라진 게 아니라 배신을 당한 거였대."

사람 사이의 관계를 정하는 민법

레트리버 할아버지의 재산을 두고 한바탕 큰 소동이 벌어졌군요. 하지만 가람이가 합리적인 판단으로 사건을 해결하고 전설에 숨은 비밀도 살짝 알아냈네요. 여기서 가람이는 민법을 판단의 기준으로 삼았어요.

앞서 살펴본 헌법은 국가와 국민 사이의 관계, 다시 말해 공적인 관계를 규정해 놓은 법이에요.

民　　法
백성, 사람 민　　법 법

민법은 한자로 사람을 뜻하는 민(民)과 법이 결합된 말로 사람과 사람 사이의 관계, 즉 사적인 관계를 규정해 놓은 법을 말해요. 영어로는 Civil Law라고 해요. 이때 Civil은 '시민의'라는 뜻이고, Law는 '법'이라는 뜻이랍니다.

시민은 국가의 구성원으로 헌법에 따라 권리와 의무를 지니는 사람을 말해요. 곧 국가 구성원들 사이의 관계를 다루는 법이 민법인 거지요.

⚖️ 재산 관계를 다루는 민법

사적인 관계에는 무엇이 있을까요? 우선 사람 사이에 재산을 두고 계약을 통해 만들어지는 관계가 있어요. 이야기에  서 할아버지에게 돈을 주기로 하고 수레를 받은 것처럼 물건을 사고파는 일이 포함돼요. 집을 사거나 파는 일을 부동산 계약이라고 하는데, 이것은 민법 속 재산 계약의 대표적인 사례예요.

⚖️ 가족 관계를 다루는 민법

민법은 결혼, 출생, 입양을 중심으로 만들어지는 부부와 자녀 관계처럼 가족 관계도 다루어요. 재산 관계보다는 비교적 엄격하게 결정되는 관계이지요.

 개인의 재산 관계와 가족 관계를 다루다 보니, 민법에는 우리가 살아가는 동안 벌어질 수 있는 거의 모든 일들이 규정되어 있답니다.

민법은 살아 있을 때만!

⚖️ 비교적 자유로운 민법

국가와 국민의 관계를 다룬 헌법과 달리 사람들 간의 관계를 다룬 민법은 비교적 자유로운 편이에요. 계약 자유의 원칙에 따라 법을 어기지 않는 한, 계약 상대방을 선택하고 계약 내용과 계약 방식을 정할 때 자유롭게 할 수 있지요.

⚖️ 민법이 제한을 두는 경우

아무리 자유롭게 계약을 할 수 있다고 해도 민법이 제한을 두는 경우가 있어요. 민법은 사람이 살아 있는 동안만 권리와 의무를 가진다고 규정해 놓았어요. 아직 태어나기 전이나 죽은 사람은 계약을 할 수 없지요. 그러니까 태어나지 않거나 죽은 사람이 물건을 사고팔거나, 재산을 가질 수는 없는 거예요. 다만 태아의 경우 상속을 받을 때 특별한 예외가 있어요. 태어날 것을 조건으로 유산을 상속받을 수 있답니다.

©GettyImagesBank

 민법 계약, 이럴 때는 안 돼!

 계약이 무효가 될 때가 있다고?

계약의 내용이 누가 봐도 불공정할 때, 의사 능력이 없는 사람이 계약을 했을 때는 무효가 돼요.

의사 능력은 자기가 한 일의 의미나 결과를 제대로 판단할 수 있는 능력을 말해요. 갓난아이나 잔뜩 취한 사람처럼 마음을 뜻대로 다스릴 수 없다면 법적으로 의사 능력이 없는 거예요. 어린이, 청소년은 의사 능력은 있지만 경험이 부족해서 민법 계약을 하는 데 제한을 받을 수 있어요.

의사 능력이 있는지 없는지가 중요해!

의사 능력이 없는 사람이 계약을 하면 큰 손해를 볼 수 있어요. 이들이 피해를 입지 않도록 보호하기 위해 계약 내용이 불공정하다면 무효로 할 수 있어요.

이야기 속에서 전 재산을 주겠다는 계약은 할아버지가 술에 잔뜩 취해서 불리한 내용으로 계약했기 때문에 무효가 된 거예요. 할아버지는 취했기 때문에 의사 능력이 없던 상태였어요. 제대로 된 판단을 할 수 없었으니 전 재산을 주겠다는 불리한 내용의 계약을 했던 거지요.

가려진 진짜 범인

솔이와 가람이는 할아버지네 가족이 대접하겠다는 맛있는 식사도 거절하고, 인사도 하는 둥 마는 둥 서둘러 자기들이 머무르는 집으로 돌아갔다. 돌아오는 내내 두리번거리며 주변을 살피고, 집에 들어오자마자 누가 먼저랄 것도 없이 재빠르게 걸쇠를 걸어 동시에 문을 잠갔다. 위아래로 몇 번을 움직여 보며 단단히 잠긴 걸 확인한 솔이가 낮은 목소리로 가람이에게 물었다.

"너도 똑똑히 들었지?"

"그래! 분명히 배신이라고 했어."

둘은 아직도 충격에서 빠져나오지 못했다. 여기서 조금만 더 버티고 있으면 개들의 도움을 얻어 곧 원래 세계로 돌아갈 수 있을 것이라고 생각했기 때문이다. 사람이 어떤 배신을 당했는지 정확히 듣지 못했지만, 원래 세계로 돌아가기는커녕 개들한테 배신을 당해 아무도 모르는 곳에서 영영 사라질 수도 있을 것 같았다. 갑자기 불안한 생각이 들었는지 가람이가 고개를 숙이고 조금 떨리는 목소리로 물었다.

"이제 우린 어떡하지?"

"아직은 잘 모르겠어. 하지만 호랑이한테 물려 가도 정신만 차리면 살 수 있다고 했잖아. 다행히 여기는 호랑이도 아니고 다들 개들이니 정신을 조금 덜 차려도 살 수 있을 거야."

솔이의 농담에 가람이가 기분이 조금 나아졌는지 고개를 들고 작게 웃음을 지었다. 그때였다. 똑똑 문 두드리는 소리가 났다. 솔이가 가람이에게 손을 들어 더 이상 말을 꺼내지 말라는 신호를 준 후 문을 열었다. 문 바깥에는 진이가 서 있었다. 평소 같으면 반가워했을 테지만 조금 전까지 나눈 대화 때문인지 왠지 거리감이 있었다.

"너희가 잘 지내고 있는지 보려고 왔어. 혹시 불편한 건 없나 궁금해서."

"아냐. 불편한 거 하나도 없어. 네가 워낙 우리를 잘 대해 줘서 말이야."

솔이는 진이를 집 안으로 들이며 아무 일도 없다는 듯 애써 밝은 목소리로 말했다. 안으로 들어온 진이는 마치 수상한 것이라도 찾는 듯 고개를 들어 집 안 이곳저곳을 살피더니 자리에 앉았다.

"다 너희가 잘해 줘서 그렇지. 조금 전에 레트리버 할아버지네 소식 들었어. 아주 멋지게 해결했더군. 너희 덕분에 우리나라도 빠르게 질서가 잡히고 있어. 우리들 사이에서 싸움도 줄고 말이야."

"그렇다니 정말 다행이야."

"마음 같아서는 너희가 계속 우리와 함께해 줬으면 좋겠어."

자기들과 계속 함께 있어 달라는 말에 가람이와 솔이의 마음 한 구석이 덜컥 내려앉았다. 솔이가 웃으며 재빠르게 화제를 돌렸다.

"고마운 말이지만 우리도 원래 세계에 기다리는 사람이 있어서 말이야. 가족들이 걱정할 거야. 그런데 혹시 우리가 돌아가는 방법은 알아봤어?"

"응! 열심히 찾아보고 있어. 하지만 전설에 대해 자세히 알고 있

는 개가 적어서 지금은 단서가 부족해."

"그것참 큰일이네. 만약 계속 방법을 못 찾으면 어떻게 하지?"

"너무 걱정 마. 반드시 방법을 찾아낼 테니까. 너희는 아무것도 신경 쓰지 말고 지금처럼 열심히 해 주면 돼."

진이는 그 말을 남기고 문을 열고 나갔다. 창문으로 고개를 내밀어 진이가 멀리 간 걸 확인한 솔이는 다시 문을 꼭 잠그고 가람이에게 다가갔다.

"아무것도 신경 쓰지 말라고? 네가 보기엔 어때? 진이를 믿을 수 있겠어?"

"지금은 잘 모르겠어. 어쨌든 진이에게 우리가 필요한 건 사실이니까 당분간은 우리를 가만히 놔둘 거야."

"좋아. 그럼 내가 그동안 반드시 돌아갈 방법을 찾아낼 테니 넌 우리가 의심하고 있다는 걸 티 내지 말고 평소처럼 해."

솔이와 가람이는 늦게까지 앞으로의 계획에 대해 이야기하다 각자 방으로 돌아가 잠자리에 들었다.

다음 날 아침이었다. 계속해서 문을 두드리는 소리에 솔이가 아직 잠이 덜 깬 표정으로 문을 열었다. 밖에는 뽀가 서 있었다.

"아침부터 무슨 일이야?"

"사건이 있어. 고기 가게에서 물건을 훔치다 잡힌 사건인데 어떻게 처리해야 할지 애매해서 말이야."

"알았어. 가람이 깨워서 나갈 테니까 잠깐 기다려."

잠시 후 외출 준비를 마친 솔이와 가람이는 뽀의 뒤를 따라 사건이 벌어진 현장으로 갔다. 진이와 그 친구들은 범인을 붙잡고 둘이 올 때까지 기다리고 있었다. 고기 가게 앞에는 구경거리가 생겨서인지 벌써 많은 개들이 웅성대며 모여 있었다. 개들은 솔이와 가람이가 오자 길을 비켜 주었다. 사건의 주인공은 셋이었다.

그중 둘은 솔이와 가람이가 처음 이 나라로 왔을 때 불도그들과 다투고 있던 허스키를 닮은 강아지 형제들이었다. 늑대의 피가 섞였다고 차별을 받던 녀석들이었다. 그 때문에 첫째인 벤은 모두가 평등하게 살아야 한다는 가람이의 생각에 가장 먼저 찬성해 주기도 했었다. 거의 다 자란 것에 가깝게 몸집이 큰 벤과 달리, 동생은 아무것도 모르는 어린 강아지였다.

벤의 동생은 많은 개들이 모여 자기를 보고 있는 게 무서웠는지 큰 소리로 울고 있었다. 벤은 고개를 푹 숙이고 있었는데, 다리를 다쳐서 절뚝거렸다. 나머지 하나는 온몸에 털이 무성한 삽살개로 고기 가게 주인이었다. 가람이와 솔이는 무슨 상황인지 잘 이해가 되지 않았다. 그러자 진이가 둘에게 다가와 상황을 천천히 설명해 주었다.

"지금부터 내가 사건의 내용을 말해 줄게. 여기 벤 형제는 간밤에 물건을 훔치기 위해서 가게 문을 열고 들어갔어. 동생은 망을 보고 형이 가게에서 고기를 훔쳤지."

"그런데 저 삽살개는 왜 같이 잡혀 온 거야?"

가람이가 묻자, 진이가 대답했다.

"삽살개는 가게 안에서 잠을 자다가 바스락거리는 소리가 나서 일어났어. 그러다 누가 가게 안에 있는 걸 보고 놀라서 근처에 있던 몽둥이로 벤의 다리를 세게 쳐 버린 거야. 그래서 저렇게 녀석이 다리를 절뚝거리고 있는 거지. 어쨌든 함부로 다른 개를 다치게 했으니까 일단 같이 잡아 왔어."

진이와 솔이는 이제야 사건을 다 이해했는지 고개를 끄덕였다. 가람이는 잡혀 온 강아지들에게 물었다.

"판결을 내리기 전에 묻겠어. 지금 진이가 말한 내용이 전부 사실이야?"

"사실이지만 동생은 내가 숨바꼭질하자고 해서 시키는 대로 한

것뿐이야."

"맞기는 한데 억울해! 난 도둑질을 당했는데 왜 같이 잡혀 온 거야? 강도가 든 줄 알고 무서워서 몽둥이로 내려쳤던 건데 그게 잘못이야?"

사실이라는 대답을 들은 가람이는 고개를 끄덕이며 판단을 내릴 준비를 했다. 그때 솔이가 옆구리를 찌르며 귓속말을 했다.

"잠깐 기다려! 뭔가 이상해. 아까부터 벤이 자꾸 저기 멀리 있는 창고 쪽을 흘깃거려. 뭔가 말 못 할 사정이 있는 것 같아."

"그럼 어떻게 하려고?"

"내 꿈이 형사잖아. 적당히 핑계 대고 기다려 주면 내가 이유를 찾아볼게."

말을 마치고 솔이는 진이와 친구들을 불러 조용히 자리를 떠났다. 솔이는 창고 쪽으로 슬그머니 이동해 문틈으로 창고의 안쪽을 살펴보았다. 안에는 두 마리의 불도그가 있었고, 그중 하나가 한 손으로 작은 강아지를 붙들고 창문 밖으로 재판이 벌어지는 쪽을 열심히 쳐다보고 있었다. 솔이가 진이에게 손짓을 하더니 창고 문을 발로 차고 들어갔다. 예전부터 솔이는 텔레비전에 나오는 형사를 따라 해 보고 싶었다.

"모두 꼼짝 마!"

문밖에서 소리가 나자 깜짝 놀란 불도그들이 뒤를 돌아보았다. 거기에는 솔이가 태권도 자세를 취한 채 서 있었고, 진이와 친구들도 언제든지 달려들 준비를 하고 있었다. 숫자가 적은 자신들이 불리하다고 느꼈는지, 불도그가 강아지를 내려놓으며 외쳤다.

"항복이야. 항복. 그러니 때리지 마!"

잠시 후 솔이와 진이는 불도그들과 허스키를 닮은 강아지를 데리고 다시 가람이가 재판을 벌이는 곳으로 돌아왔다.

"다행이야! 무사했구나."

벤이 재빠르게 달려와 동생을 꼭 안아 주며 말했다. 솔이는 왠지 자기가 착한 일을 한 것 같아 어깨가 으쓱했다.

잠시 후 가람이는 솔이에게 사건의 비밀을 듣게 됐다. 잡혀 있던 강아지는 허스키를 닮은 형제의 둘째였다. 원래 벤은 고기를 훔칠 생각이 없었는데, 어느 날 불도그들이 둘째를 잡아갔다. 동생을 찾으려면 고기를 훔쳐 오라는 불도그들의 명령에 벤은 어쩔 수 없이 막내와 함께 고기 가게로 갔다. 이제야 사건의 전체 모습을 알게 된 가람이가 다시 재판을 시작했다.

"그럼 지금부터 고기 가게에서 벌어진 도둑질과 폭행 사건에 대해 한 마리씩 차례대로 재판을 할 거야."

재판이 다시 시작된다는 말에 주변에 모인 개들이 순식간에 조용해졌다.

"먼저 망을 본 막내는 아무런 잘못이 없어. 다음으로 고기 가게 주인은 벤을 때려 다치게 하긴 했지만, 강도인 줄 알고 한 행동이라서 죄라고 할 수 없어. 벤은 고기를 훔치기는 했지만 책임이 없기 때문에 죄도 없어."

"뭐야? 그럼 잘못된 행동은 있는데 잘못한 개는 한 마리도 없다는 말이야?"

"동생이랑 고기 가게 주인은 잘못이 없다 쳐도, 벤 녀석은 밤에 몰래 도둑질을 하다 주인을 놀라게 했으니까 잘못한 거 아냐?"

가람이의 말이 끝나자 이곳저곳에서 흥분했는지 여러 소리가 터져 나왔다. 소리가 점점 커지자 진이가 나서 조용히 시켰다.

"지금부터 하나씩 이유를 말해 줄게. 먼저 막내는 자기가 하는 행동이 도둑질을 돕는 게 아니라 숨바꼭질인 줄 알았어. 나쁜 생각으로 한 일이 아니니까 죄가 아니야."

막내에 대한 판단이 나오자 모두 고개를 끄덕거렸다. 아직 너무 어리기 때문에 무엇이 나쁜 짓인지도 잘 모르는 건 다들 당연하다고 생각했다.

"다음으로 고기 가게 주인! 밤에 강도가 들었다고 생각해 자기를 지키기 위해 벤을 때렸어. 나쁜 행동으로부터 자기를 보호하는 건 누구나 마찬가지이기 때문에 역시 잘못된 행동은 아니야."

이번에도 다른 소리는 들려오지 않았다.

"마지막으로 벤이야. 벤은 도둑질이 나쁜 짓이라는 걸 알면서 훔쳤고, 딱히 자기를 지키려고 한 일도 아니기 때문에 잘못된 행동이 맞아."

혼자서 오랫동안 말을 하다 보니 힘이 들었는지 가람이가 숨을 고르기 위해 잠시 말을 끊었다. 그러자 주변에서 '그럼!', '당연하지.'라는 말이 곳곳에서 나왔다. 그중에는 '내가 원래 저 녀석들 받지 말자고 했잖아.', '에이! 처음부터 저럴 줄 알았다니까.'라는 말도 나왔다. 모두 평등하게 살자고 했지만 아직도 일부에서는 여전히 아픈 말을 던졌다. 벤과 형제들은 그 말을 묵묵히 듣고 있었다. 그 모습을 지켜보던 가람이가 하려던 말을 마저 했다.

"하지만 동생이 인질로 잡혀 있었기 때문에 시키는 대로 할 수밖에 없었어. 부모님이나 자녀가 나쁜 녀석들한테 잡혀 있으면 다들 마찬가지일 거야. 그러니 벤이 잘못했더라도 벌을 줄 순 없어."

가람이의 말을 듣고는 그런 상황이면 자기들도 딱히 어쩔 수 없겠구나 싶었는지 개들이 별말을 하지 않았다. 그때 뽀가 일어났다. 아무리 생각해도 이해가 되지 않는지 머리를 긁고 있었다.

"그럼 잘못은 있는데 현장에 범인은 아무도 없는 이번 사건은 도대체 누구 잘못인 거야?"

"그건 바로 저 녀석들이야. 벤의 동생을 납치하고 잘못을 저지를 생각이 없던 형에게 나쁜 일을 시킨 녀석들이지."

개들의 시선이 가람이의 손끝을 따라갔다. 그곳에는 불도그들이 있었다. 불도그들은 자기가 잘못을 한 걸 아는지 모두 고개를 숙이고 있었다. 진이와 친구들은 불도그들을 일으켜 가둬 놓을 곳을 찾아 어디론가 데려갔다.

잘못이 벌어진 현장에 있는 누구도 범인이 아니었던 신기한 재판은 이렇게 끝났다. 다른 개들도 고개를 끄덕이며 단 한 마리를 제외하고 모두 집으로 돌아갔다.

"정말 고마워. 너희가 아니었으면 나는 잡혀가고 동생들은 쫓겨났을 거야."

"뭘, 진실을 찾는 건 우리가 당연히 해야 할 임무야."

벤의 칭찬에 솔이가 으스대며 말했다. 진실이란 말을 들은 벤은 갑자기 심각한 표정을 지었다. 솔이와 가람이가 그런 벤의 얼굴을 쳐다보았지만, 침묵만 흘렀다. 벤은 무언가 결심했다는 듯 입을 열었다.

"진실? 진실이란 말이지. 좋아, 알려 줄 게 있어. 아무도 모르게 오늘 저녁 호숫가에서 만나자. 진실을 마주할 용기가 없다면 오지 않아도 돼."

 죄와 벌을 정하는 형법

모든 사람이 법을 지키면 좋겠지만 아쉽게도 그렇지 못한 경우가 많아요. 간밤에 삽살개네 고기 가게에서 벌어진 복잡한 사건도 그렇죠. 법을 어기고 죄를 지은 사건을 해결할 때 우리는 형법을 이용해요.

⚖️ 형법이 중요한 이유

형법은 하지 말아야 할 일과 그것을 어겼을 경우 어떻게 처벌할지를 정해 놓은 법이에요. 개인의 자유로운 삶을 보장하고, 사회가 위험에 빠지지 않게 보호하며, 국가를 계속 유지할 수 있도록 형법이 필요하답니다.

누군가 다른 사람의 물건을 훔치거나, 생명을 함부로 빼앗거나, 불을 질러 사회를 위험에 빠뜨리거나, 적과 힘을 합쳐 나라를 위태롭게 하는 행동 등을 하면 국가가 혼란스럽고 위험해질 거예요. 형법은 이런 행동들을 하지 못하게 정하고 있고, 그 규정을 어긴 사람은 그때부터 범죄자가 돼요.

⚖️ 어떤 벌이 있을까?

　범죄자는 형법이 정한 바에 따라 벌금을 내거나 감옥에 갇히는 등의 벌을 받아요. 생명을 빼앗는 사형, 감옥에 갇혀 영원히 바깥세상에 나올 수 없는 무기 징역과 같이 무서운 벌들도 있어요. 죄를 지은 사람에게는 재산권, 신체의 자유, 인간답게 살 수 있는 권리 같은 기본권이 제한된답니다.

　우리는 앞에서 기본권은 하늘이 내린 권리라서 누구도 침해할 수 없다고 배웠어요. 하지만 다른 사람의 기본권을 지키기 위해서는 범죄자의 기본권을 제한할 수 있어요. 자신의 생명과 자유, 재산이 중요하다면 다른 사람의 생명, 자유, 재산을 빼앗아서도 안 되니까요.

⚖️ 벌이 세지면 범죄가 줄어들까?

　형벌의 정도가 세질수록 범죄가 줄어들지 않을까요? 형벌이 두려워서 범죄를 저지르지 않을 테니까요. 하지만 실제 조사에 따르면 형벌의 정도와 범죄의 발생 정도 사이에는 관련이 없어요. 사형 제도를 폐지하면 흉악 범죄가 늘어날 것 같지만, 그렇지 않다고 해요. 오히려 사형 제도를 폐지한 뒤에 살인 사건이 줄어든 나라도 있다고 하네요.

죄가 되지 않는 잘못이 있다고?

⚖️ 모르고 한 일이라면

형법에 따라 죄가 되려면, 자신이 범죄를 저지른다는 사실을 분명하게 알고 있어야 해요. 예를 들어, 사람을 때렸다고 해도 폭행죄로 인정되기 위해서는 다른 조건이 더 있어야 해요. 사람을 때린다는 것을 분명히 알고 때렸어야 하지요. 만약 내가 뒤를 돌아보다가 다른 사람과 실수로 부딪혀 그 사람이 다친 경우는 그 사람을 때리려고 한 것이 아니라 모르고 한 것이기 때문에 죄가 되지 않아요.

이야기 속에서 벤의 막내는 망을 보는 것이 아니라 숨바꼭질을 하는 거라고 생각했어요. 자신이 도둑질을 돕는 중이라는 것을 몰랐기 때문에 죄가 되지 않는 거예요.

⚖️ 보호하려고 한 일이라면

자신을 보호하기 위해, 또는 직업 때문에 어쩔 수 없이 한 일도 죄가 되지 않아요. 누군가 흉기를 들고 나를 공격할 때가 그렇지요. 권투 선수가 시합에 나가 사람의 신체를 때리는 것도 죄가 아니고요. **이야기 속에서 삽살개**는 자기를 지키기 위해 벤을 때린 것이라 죄가 되지 않은 거예요.

⚖️ 책임을 물을 수 없다면

나쁜 행동인 줄도 알았고, 자기방어나 직업 때문에 한 일이 아니더라도 죄가 되지 않는 경우가 있어요. 그 사람에게 책임을 물을 수 없을 때예요.

자기와 친한 사람들, 예를 들어 부모나 자식, 연인이나 친구가 인질로 잡혀 있어 시키는 대로 해야 하는 경우, 정신 장애를 가지고 있거나 나이가 어려 올바른 판단을 내릴 수 없는 경우에도 죄가 되지 않아요.

이야기 속 벤의 경우는 동생이 인질로 잡혀 있어 시키는 대로 할 수밖에 없었어요. 그래서 책임을 물을 수 없답니다.

⚖️ 우리나라에서 정당방위가 되려면?

상대방이 나나 다른 사람의 안전을 위협할 때 대항했다고 해서 무조건 정당방위가 되지는 않아요. 정당방위는 그에 해당하는 이유가 있을 때만 인정이 되죠. 예를 들어 친구와 맨손으로 싸울 경우에는 싸움을 피하지 않고 두 사람 다 폭력을 휘둘렀기 때문에 정당방위가 되지 않아요. 또 아주 오래전에 피해를 입은 일로 때려 놓고 정당방위를 주장할 수도 없어요. 이 경우는 직접 나서는 게 아니라 법에 판단을 맡겨야 해요.

달빛 아래
두려운 진실

 구름 사이로 달만 비죽이 나온 컴컴한 밤이었다. 솔이와 가람이는 소리를 내지 않게 조심하면서 아침에 벤이 알려 준 뒷길을 따라 마을 바깥으로 나갔다. 몸을 숙인 채 한참을 걷자 둘이 처음에 도착했던 호숫가 근처에 다다랐다. 벤이 말한 약속 장소였다.
 "그 녀석이 말한 대로야. 아무도 지키고 있지 않았어."
 "동감이야. 왠지 그 녀석 많은 것을 알고 있는 눈치였어."
 작은 목소리로 대화를 나누는 동안 둘의 뒤에서 누군가 다가오는 기척이 느껴졌다. 긴장한 둘이 뒤를 돌아보았다.
 "맞아! 나는 그런 것들을 많이 알고 있어. 워낙 하루가 멀게 시비를 걸어오는 녀석들이 많아서."
 벤이었다. 벤은 늑대의 피가 섞였다고 자기를 차별하는 거친 녀석들과 자주 다투다 보니, 동생들과 함께 위험할 때 빠져나갈 수 있는 길들을 많이 알아 두었다고 말했다. 가람이와 솔이는 오늘 아침의 기억을 떠올리며 고개를 끄덕이고는 벤에게 물었다.

"마음의 준비를 하고 왔어. 이제 진실을 들려줘."

"우리는 원래 세계로 돌아갈 수 있는 거야?"

둘의 질문에 벤이 알았다는 듯 고개를 끄덕이며 대답했다.

"하나씩 대답하지. 진실은 들려줄 수 있어. 하지만 그다음은 장담 못 해."

"뭐? 그럼 우리가 돌아갈 수 없단 말이야?"

솔이가 벤에게 따지려는 순간 가람이가 차분한 표정으로 솔이를 막았다. 일단 더 이야기를 들을 필요가 있었다.

"이유를 말해 줄 수 있을까?"

"너희도 알다시피 내게는 늑대의 피도 흐르고 있지. 그래서 나는

개들에게 내려오는 전설뿐만 아니라 늑대들에게 내려오는 전설도 알고 있어.

뿔뿔이 흩어져 있던 개들이 사람을 만나서 말을 하는 법과 함께 사는 법을 배운 뒤 사람이 사라졌다는 건 개들의 전설과 같아. 다만 다른 건 사람이 개들과 사이가 좋지 않았다는 거야."

벤의 입에서 나오는 말들은 하나같이 충격이었다. 늑대들의 전설에 따르면 처음 자기들의 선조가 사람을 만났을 때 사람은 개들에게 배신을 당했다며 몹시 슬퍼했다고 했다. 사람은 다시는 개들에 대해 말하지 않았고 늑대들과 함께 행복하게 살다가 사라졌다고 했다. 그 후로 늑대들은 사람에게서 배운 걸 바탕으로 나라를 세워 잘 살았다는 이야기였다.

"그렇게 늑대들은 사람에게 배워 강하고 튼튼한 나라를 세웠어. 지금 너희들이 이 나라에서 하는 것처럼 말이야. 곧 개들의 나라도 강해지겠지."

"그런데 넌 왜 그 강하고 튼튼한 늑대 나라를 떠난 거지?"

가람이의 물음에 벤의 표정이 갑자기 쓸쓸해졌다.

"내 친구 중에 슈나우저가 있었어. 말이 잘 통하는 녀석이었지. 그런데 자꾸 주변에서 천한 애랑 놀지 말라고 하는 거야. 난 이해가 되지 않았어. 그러다 부모님이 돌아가셨지. 그 뒤로 주변에서 슈나우저를 대하듯 나도 슬슬 피하는 거야. 부모님이 계실 때는 대놓고 말하지 못했지만 개의 피가 섞였다는 이유였지. 그래서 동생들과 함께 내 친구 슈나우저를 따라 떠나왔어. 여기서도 차별받을 줄은 몰랐지만 말이야."

말을 마친 벤의 표정이 더욱 어두워졌다. 솔이가 다가가 벤을 꼭 안아 주었다. 여기저기에서 차별을 받으며 어디에도 섞이지 못하는 벤이 안쓰러웠다.

"고마워! 나에게 따뜻하게 대해 준 건 너희가 처음이야."

잠시 시간이 흐른 뒤 조심스럽게 가람이가 물었다.

"아까 네가 장담은 못 한다고 했지만 궁금해. 우리가 돌아갈 수 있는 방법이 있기는 한 거야?"

"있긴 하지만 장담 못 해. 게다가 위험하고."

"돌아갈 수만 있다면 위험해도 난 괜찮아."

솔이가 자신 있게 대답하자 벤이 어쩔 수 없다는 듯 고개를 끄덕였다.

"그럼 나와 같이 늑대들의 나라로 가자."

잠시 후 솔이와 벤은 호수를 건너 산을 돌아 늑대들의 나라로 가는 길을 걷고 있었다. 벤은 늑대들의 나라에 자기가 믿고 따르던 누나가 있다고 했다. 누나는 아는 것이 많아서 사람이 사라진 장소도 알고 있을지도 모르니 함께 가자고 했다.

한참을 상의한 후 가람이는 강아지 나라로 돌아가고 솔이만 벤을 따라가기로 했다. 둘이 가다 모두 잡히면 구해 줄 사람도 없고, 가람이가 강아지 나라에서 방법을 찾을 수도 있었기 때문이었다. 진이에게는 솔이가 돌아가는 방법을 찾기 위해 조사하러 나갔다고 말하기로 했다.

"쉿! 이 근처부터 늑대들이 지키는 곳이야. 들키지 않도록 조심해야 해."

산 아래 동굴로 접어들자 벤이 솔이에게 더욱 조심하라는 듯이 손가락을 입에 가져다 대었다. 벤은 늑대들의 나라에서도 뒷길을 많이 알고 있었다. 둘은 아무 소리도 내지 않고 조용히 동굴 속을

걸었다. 동굴에는 가끔 종유석에서 떨어지는 물방울 소리만 들렸다. 마침내 동굴의 끝에 다다르자 벤이 바깥으로 나갔다. 하지만 벤은 더 이상 움직이지 않았다. 궁금해진 솔이가 바깥으로 나간 순간 차가운 목소리가 들렸다.

"너희를 불법으로 국경을 침범한 죄로 체포한다. 너희는 변호사를 선임할 수 있으며 불리한 말을 하지 않을 수 있다."

체포한다는 말을 듣는 순간 솔이는 절망에 빠져 고개를 숙였다. 곧 호되게 당할 것만 같았다. 하지만 이어지는 소리에 다시 고개를 들고 말했다.

"변호사를 부를 수 있다고? 그게 진짜야? 그럼 빨리 불러 줘."

"알겠다."

솔이의 물음에 경비대 대장인 것처럼 보이는 늑대가 짧게 대답했다. 말하는 태도를 보니 자기들을 함부로 대하지 않을 것처럼 보였다. 늑대들의 나라는 규칙이 꽤 잡힌 모습이었다. 잠시 후 솔이와 벤은 늑대들에 둘러싸인 채 작은 방으로 이동했다. 거기에는 날카롭게 생긴 늑대가 기다리고 있었다. 늑대는 벤을 보며 말했다.

"난 이 사건을 담당한 검사다. 지금부터 너희에게 물을 테니 똑바로 대답해. 여기에 온 목적이 뭐지?"

"친한 누나를 만나러 온 것뿐이야."

"거짓말하지 마. 너희 스파이지?"

"거짓말 아니야."

그때 방문이 열리며 누군가 나타났다. 왠지 다정한 느낌이 나는 늑대였다. 소리가 나는 쪽으로 고래를 돌린 벤이 흥분된 목소리로 외쳤다.

"블랑 누나! 나야 나."

"누가 잡혀 와서 변호사를 찾는다고 하기에 급히 와 봤더니 너였구나."

블랑이라고 불린 늑대는 벤에게 다가와 가볍게 안아 주더니 검사를 보며 말했다.

"검사님도 이 아이들이 변호사를 만날 수 있는 권리가 있다는 걸 잘 알고 있겠죠? 그러니 잠시 제게 시간을 주셨으면 좋겠네요."

"알았어요. 대신 시간은 꼭 지켜 주셔야 합니다."

그 말을 남기고 검사는 바깥으로 나갔다. 검사가 나가자 벤이 반갑다는 듯이 블랑의 손을 잡으며 말했다.

"오랜만이야. 그리고 여긴……."

"알아. 사람이지? 너도 반가워."

블랑은 솔이에게 앞발을 내밀었다. 솔이가 악수를 하며 블랑에게 물었다.

"어떻게 알았지?"

"그야 전설에 대해 잘 알고 있으니까."

솔이는 늑대들의 나라가 자기의 생각과 엄청나게 다른 것에 대해 놀라고 있었다. 솔이는 늑대들의 나라가 법도 없이 난폭하게 운

109

잠깐! 형사 재판을 담당하는 사람들이 궁금해요!

재판에는 민사 재판과 형사 재판이 있어요. 민사 재판은 개인과 개인의 갈등을 다루고, 형사 재판은 범죄자에게 형벌을 내리기 위해 하는 재판이에요. 형사 재판을 담당하는 검사, 변호사, 판사의 역할을 알아볼까요?

검사 민사 재판에는 없고 형사 재판에만 있어요. 범죄를 수사하고 재판을 집행하는 사람이에요. 검사는 재판에서 피해자를 대신해 잘못을 저지른 사람에게 합당한 책임을 내려 달라고 주장해요. 보통 피해자들은 재판에 참석하기 어렵거나 법에 대한 지식이 부족해요. 그렇기 때문에 법을 잘 알고 있는 검사가 대신하는 것이 피해자에게 유리하지요.

변호사 형사 재판에서 변호사는 법원의 명령에 따라 피고인을 변론해요. 검사가 죄에 대한 책임을 져야 할 것으로 지목한 사람이 피고인이에요. 변호사는 피고인을 대신해서 죄가 없음을 주장하거나 가벼운 책임을 물어야 한다고 주장하지요. 피고인은 검사에 비해 대부분 법에 대한 지식이 부족해요. 피고인이 잘못을 뒤집어쓰거나, 자신의 잘못보다 더 많은 책임을 지는 일을 막기 위해 변호사가 반드시 필요하지요.

판사 검사와 변호사의 주장을 충분히 들어 본 후, 법에 따라 판결을 내리는 사람이에요. 피해자 편에 서는 검사, 피고인 편에 서는 변호사와 달리 판사는 어느 한쪽으로 치우치지 않아요. 중립적인 위치에서 공정하게 판결해야 하지요.

영되고 있는 줄만 알았다. 하지만 가까이서 보니 늑대들의 나라는 하나하나가 법에 따라 규칙적으로 움직이고 있었다.

"그건 그렇고 넌 지금까지 어디 가서 무얼 하고 있기에 연락 한 번 하지 않은 거야?"

블랑의 핀잔에 벤이 지금까지의 이야기를 했다.

차별 때문에 개들이 늑대들의 나라를 도망칠 때 함께 떠나게 된 사정과, 불도그들과 다투며 지내다가 가람이와 솔이를 만난 이야기, 그리고 가람이와 솔이가 규칙을 만든 다음부터 강아지 나라가 점점 안정되고 강해지고 있다는 이야기, 불도그들에게 협박당해 잘못을 저지른 이야기와 솔이와 가람이를 원래 세계로 돌려보낼 수 있는 방법을 찾기 위해 늑대들의 나라로 돌아왔다는 이야기까지. 처음부터 끝까지 하나도 빼지 않고 천천히 이야기했다.

벤의 이야기를 들은 블랑이 고생했다는 듯 어깨를 토닥여 주었다. 그 모습을 본 솔이가 블랑에게 물었다.

"잠깐! 그런데 궁금한 게 있는데 물어봐도 돼?"

"물론이야."

"왜 우리를 잡자마자 감옥으로 데려가지 않은 거야?"

"그건 너희가 아직 재판을 받지 않았기 때문이야. 재판을 받기 전까지는 누구라도 죄가 없다고 생각하는 게 우리나라의 법이야."

"나는 너희 나라가 아무런 규칙도 없이 항상 힘센 녀석이 최고인, 엉망으로 돌아가는 나라인 줄 알았어. 그런데 이렇게 대단할 줄이야. 도대체 어떻게 이렇게 한 거지?"

눈을 동그랗게 뜨고 묻는 솔이의 물음에 블랑이 입가에 살짝 미소를 지으며 대답했다.

"다 너희와 같은 사람이 가르쳐 준 건데, 뭘. 너도 알다시피 아주 오래전에 사람이 찾아와서 가르쳐 준 거야. 우리는 그걸 지키고 발전시켰을 뿐이고."

모든 게 다 사람 덕분이라는 블랑의 대답에 솔이는 자기가 하지 않았는데도 기분이 좋은지 어깨를 으쓱거렸다. 그러다 솔이가 갑자기 무언가 생각난 듯한 표정을 짓더니 심각한 목소리로 물었다.

"그런데 혹시 개들을 노예로 삼은 것도 사람이 시켜서 한 거야?"

벤도 좋지 않은 기억이 떠올랐는

지 표정이 굳어졌다. 그러자 블랑의 표정도 변했다.

"아니야. 그건 사람의 뜻이 아니었어. 개들을 노예로 삼은 건 사람이 떠난 후야. 그리고 우리는 개들이 도망친 이후로 더 이상 노예 제도를 운영하지 않아."

생각지 못한 말에 벤과 솔이가 놀란 듯 블랑을 쳐다보았다.

"이 이야기는 나보다 더 잘 전해 줄 분이 있어. 그분이라면 솔이 너에게 돌아갈 방법을 알려 줄지도 몰라. 그러니 잠시만 기다려."

말을 마친 블랑이 방을 나갔다. 잠시 후 블랑은 가슴까지 턱수염을 기른 나이 든 늑대 한 마리와 함께 돌아왔다. 수염을 기른 늑대가 벤과 솔이를 바라보며 떨리는 목소리로 말했다.

"그래. 너희가 벤과 사람이라는 녀석이구나. 너희들에 대한 이야기는 방금 다 들었다. 지금부터 너희들이 궁금해하는 이야기를 들려주도록 하지."

이야기를 하는 늑대는 전설 속에서 사람을 만나 여러 가지를 배운 늑대의 직계 후손이었다. 사람은 늑대들에게 나라가 강해진 이후에

도 항상 주변에 사는 개들과 사이좋게 지내야 한다고 말했다.

문제는 사람이 떠나고 나서 생겼다. 힘이 넘치는 늑대들이 개들을 잡아 노예로 삼은 것이었다. 사람의 뜻을 따라야 한다며 이를 반대하는 늑대들도 있었다. 그러나 노예 덕분에 편해진 늑대들은 대부분 그 말을 듣지 않았다. 그렇게 계속 시간이 흐르다 개들이 탈출한 사건이 벌어진 것이었다. 그 과정에서 많은 늑대들이 다쳤다. 노예 제도를 반대하던 수염 난 늑대나 블랑 같은 늑대들의 목소리도 커지게 되었다.

"그래서 결국 노예 제도를 폐지하는 법을 만들었고 그 법이 투표를 통해 통과된 거지. 이제 우리는 모두가 평등한 나라야."

"아! 그래서 늑대들이 더 이상 개들을 쫓지 않았던 거군요. 다들 이상하게 생각했어요."

"그래. 우리는 더 이상 누구와도 싸우고 싶어 하지 않아."

"하지만 걱정이에요. 강아지 나라도 점점 강해지고 있어요. 게다가 복수심도 있어 잘못하면 싸움이 날 수 있을 거예요."

"그것도 문제구나."

벤이 걱정스러운 표정을 짓자 수염 긴 늑대가 고개를 끄덕이며 동의했다.

"잠깐! 아직 궁금한 게 있어. 그래서 사람은 도대체 어디로 사라진 거야?"

"참! 너는 그게 가장 궁금하겠구나. 전설에는 다른 세계로 가는 길이 두 곳 있었어. 사람의 도움을 받은 우리 선조가 노력 끝에 하나를 찾아내 사람에게 알려 줬지. 사람은 그 길을 통해 다시 자기가 살던 세계로 돌아갔어."

"거기가 도대체 어딘데?"

사람이 무사히 떠났다는 말에 솔이가 흥분됐는지 큰 소리로 물었다.

"아쉽게도 그곳은 사람이 들어간 이후로 완전히 막혀 버렸단다. 아직 다른 한 군데가 남았지만 우리는 그게 어딘지 몰라. 전설에 따르면 개들 중 누군가가 그 장소를 알고 있을 거야."

원래 세계로 가는 통로가 아직 한 군데 남아 있다는 말에 솔이가 안도의 한숨을 내쉬었다. 게다가 개들이 그 장소를 알고 있을 것이라는 말도 힘이 되었다. 가람이가 지금까지처럼만 해 준다면 진이가 분명히 그 장소를 찾아내서 알려 줄 것 같았기 때문이었다.

"알았어. 그럼 늑대와 개들이 사이좋게 지내는 문제는 나랑 내 친구가 해결하도록 할게. 너무 걱정하지 마. 그런데 아저씨 이름은 뭐야?"

솔이가 자신 있다는 표정으로 당당하게 이야기하자 수염을 기른 늑대가 흐뭇하게 웃으며 이름을 말했다.

"난 링컨이라고 하지."

이름을 듣고 솔이는 생각했다.
'링컨이라고? 어디서 들어 본 것 같은데 어디지? 역사책이었나?'
고민하느라 찌푸린 얼굴을 보고 벤이 어디가 불편하냐고 물었다.
"아! 아냐, 괜찮아."
그러면서 솔이는 나중에 가람이에게 꼭 물어보자고 다짐했다.

잠깐! 법을 수정할 수 있나요?

법도 사람이 만든 제도인 만큼 완벽할 수 없어요. 법이 인간의 존엄을 해치거나 더 높은 법에 어긋난다면 헌법 재판소의 판단을 거쳐 수정하거나 폐지할 수 있어요. 헌법 재판소는 법률이 헌법에 어긋나는지를 판단하기 위해 특별히 설치한 재판소예요.

최고법인 헌법도 국민의 뜻에 따라 수정될 수 있어요. 노예 해방을 이끈 미국 대통령 링컨은 수정 헌법 제13조로 인권을 해치는 노예 제도를 폐지했어요.

재판을 위한 법, 소송법

지금까지 우리가 본 대로 법은 강제성을 가지고 사람의 생명이나 자유를 제한할 수 있어요. 그렇기 때문에 법을 사람들에게 적용할 때는 매우 신중해야 해요.

사람들 사이에서 갈등이 발생하거나 범죄가 발생하였을 경우 아무나 법의 내용을 가지고 판단하는 것이 아니에요. 법을 잘 아는 사람이 사건에 적용되는 법이 올바른가를 판단해야 해요. 이것을 재판이라 하고, 소송이라고도 불러요. 소송에 관한 법이 바로 소송법이지요.

⚖️ 소송법의 종류 – 민사 소송법과 형사 소송법

소송법에는 크게 두 종류가 있어요. 민사 소송법과 형사 소송법이에요. 민사 소송법은 민사 재판에, 형사 소송법은 형사 재판에 적용해요. 앞에서 살펴본 것처럼 민사 재판은 사람들 사이의 관계를 다루어요. 이혼과 같은 가족 관계 사건, 재산과 관련된 사건이 있지요. 그리고 형사 재판은 형법의 적용을 받는 범죄 사건을 다룬답니다.

정확한 재판을 위한 삼심 제도

　하나의 사건은 정확한 판단을 위해 서로 다른 법원에서 세 번까지 재판을 받을 수 있어요. **지방 법원**에서의 판결이 적절하지 않다고 생각할 경우 **고등 법원**에, 고등 법원의 판결도 마음에 들지 않을 경우 **대법원**에 다시 재판을 요청할 수 있지요. 이를 세 번 심사받을 수 있다고 해서 삼심 제도라고 해요. 우리나라에서 대법원은 1개지만, 고등 법원은 6개(서울, 대전, 대구, 부산, 광주, 수원)가 있고 그 아래에 지방 법원을 둬요. 지방 법원은 지역에 따라 고등 법원에 소속되는데 총 18개가 있답니다.

대법원

대전 고등 법원

인천 지방 법원

청주 지방 법원

제주 지방 법원

 무죄 추정의 원칙이란?

형법을 어긴 사람은 형사 소송 절차를 밟아야 해요. 하지만 **아직 재판을 통해 범죄를 저지른 것이 확정되지 않았기 때문에, 그전까지는 죄가 없는 사람처럼 대해져요.** 이걸 무죄 추정의 원칙이라고 해요. 그러므로 검사도 그 사람을 죄인처럼 함부로 다룰 수 없어요.

드라마나 영화 속 형사 재판 장면을 본 적 있나요? 재판을 할 때 판사, 검사, 변호사는 '범인'이나 '죄인'이라는 말을 쓰지 않고 '피고인'이라는 말을 써요. 아직 재판으로 죄가 확정되지 않았기 때문에 범인이나 죄인이라고 부르지 않는 것이지요. **피고인은 검사가 형사 재판을 요청한 사람이라는 의미랍니다.**

모의 형사 재판 장면

미란다 원칙은 또 뭐야?

벤과 솔이가 늑대 나라의 국경을 넘어 체포되었을 때 "변호사를 선임할 수 있으며 불리한 말을 하지 않을 수 있다."라는 말을 들었던 것을 기억하나요? 우리 이야기에서뿐 아니라 영화나 드라마 등에서 범인을 잡을 때 위와 같은 말을 하는 것을 많이 보았을 거예요. 이렇게 **변호사의 도움을 받을 수 있고 불리한 말을 하지 않을 수 있다는 사실을 미리 알려 주는 일을 '미란다 원칙'이라고 불러요.** 변호사의 도움을 받을 권리를 듣지 못해 풀려난 미국의 범죄자 미란다의 이름을 따서 붙어진 용어예요.

미란다 원칙과 관련된 내용은 형사 소송법뿐 아니라 우리나라 헌법에도 적혀 있어요. 그만큼 국민의 권리를 지키기 위해 꼭 필요한 내용인 것이지요. 만일 이 내용을 경찰이나 검찰이 말해 주지 않았다면, 자백을 했더라도 그것을 법정에서 증거로 삼을 수 없어요.

증거와 관련된 이야기를 더 해 볼게요. 모든 증거는 정당한 절차를 거쳐 얻어야 해요. 허가 없이 남의 이야기를 몰래 엿듣는 도청은 검사가 증거로 사용할 수 없어요. 고문이나 폭행, 협박을 통해 얻은 증거도 사용할 수 없어요. 재판은 검사와 피고인이 동등한 관계에서 진행되어야 해요. 소송법은 이러한 규칙들을 만들어 놓은 법이에요.

평화의 약속

"좋은 아침이야. 그런데 누가 보이지 않는 것 같은데?"

다음 날이 되었다. 가람이는 아침 일찍부터 찾아온 손님을 만나고 있었다. 진이가 탁자에 앉아 솔이의 행방을 물었다.

"아! 솔이? 오늘은 좀 멀리 나갔어. 원래 세계로 돌아가는 방법을 좀 더 찾아봐야겠다고 하면서 말이야."

"그래? 그거 좀 서운한데. 우리를 믿지 못한다는 말 같아서. 혼자 가지 말고 뽀라도 함께 가면 좋았잖아."

"너희도 바쁜 것 같아서 말이야. 폐만 끼치면 안 되잖아."

"알았어. 우리도 열심히 방법을 찾아볼 테니 너희도 그때까진 계속 우리를 도와줘."

말을 마친 진이가 문을 열고 바깥으로 나가자 가람이가 긴장이 풀렸는지 한숨을 내쉬었다. 이제부터가 걱정이었다. 아무래도 진이가 둘을 조금씩 의심하는 것 같았다. 태도도 차가워졌다. 게다가 솔이가 늑대의 나라에 무사히 도착했는지도 걱정되었다. 가람이가 안절부절못하고 있을 때 갑자기 바닥이 열리며 벤이 나타났다.

"깜짝이야! 도대체 어디서 나타난 거야?"

"쉿! 놀라지 마. 원래 여기는 너희가 이 나라에 오기 전 빈집일 때부터 내가 비밀 장소로 사용하던 곳이야."

"왜 문으로 안 들어오고 두더지처럼 바닥에서 나온 거야?"

"넌 지금 감시당하고 있어. 톰과 친구들이 집 주변에 퍼져 있더라고. 그래서 나만 아는 비밀 통로로 몰래 들어온 거야."

감시라는 말에 가람이의 표정이 굳어졌다. 진이는 정말로 가람이와 솔이가 다른 곳으로 갈까 의심하고 있었다.

"무슨 말인지 알았어. 그런데 솔이는 무사한 거지?"

"응, 잘 있어. 지금 늑대들의 나라에서 함께 원래 세계로 돌아갈 계획을 짜고 있어."

벤은 솔이와 함께 늑대들의 나라에서 있었던 일을 가람이에게 이야기해 주었다. 국경을 넘다 늑대들에게 잡혔지만 블랑 덕분에 무사히 풀려났고 노예 제도는 폐지되었다고 말했다. 가람이는 늑대들의 나라가 사람들의 나라처럼 운영되고 있는 것이 신기했다. 특히 검사와 변호사가 있어 어떤 사건이 생겼을 때 절차에 따라 해결한다는 말에 큰 호기심을 보였다. 링컨이라는 이름의 수염 난 늑대와 블랑을 보고 싶다는 이야기도 했다.

"걱정 마. 이제 곧 보게 될 테니."

"어떻게?"

"솔이가 계획을 세웠어. 일단 네가 진이를 데리고 강아지 나라와 늑대 나라 중간에 있는 곳까지 오는 거야. 그다음에 솔이와 링컨 아저씨가 나타나서 진이랑 서로 대화를 하는 거지."

"좋은 생각이야. 그런데 어떻게 진이를 거기까지 데리고 가지?

게다가 이미 진이는 우리를 의심하고 있단 말이야."

가람이가 계획대로 하기 어려울 것 같다고 대답하자 벤이 그럴 줄 알았다는 듯 고개를 끄덕이며 말했다.

"링컨 아저씨가 그러더라고. 진이한테 집으로 돌아갈 단서를 찾았다고 혼자 갔다 온다고 말하면 알아서 같이 와 줄 거라고."

그 말이 딱 맞았다. 잠시 후, 벤을 다른 길로 먼저 보낸 가람이는 진이와 톰과 함께 약속 장소로 가기 위해 호숫가를 지나 산 중턱을 오르고 있었다.

"고마워. 나 혼자 가도 되는데 함께 가 준다고 해서."

"돌아갈 방법을 찾았다면 우리도 당연히 도와야지."

고맙다는 말과 함께 가람이는 흘깃 진이의 표정을 살폈다. 별다른 표정이 없었지만 살짝 눈동자가 흔들리는 것처럼 보였다. 옆에서 걷는 톰의 표정도 마찬가지였다. 가람이는 더 이상 아무 말도 하지 않고 계속 걷다 마침내 약속한 장소에 도착했다.

"여기가 내가 말한 그곳이야."

"여기? 뭔가 특별해 보이는 건 없는데?"

약속 장소에 도착한 진이가 의심하는 순간 숲속에서 솔이가 링컨, 블랑과 함께 나타났다. 갑자기 늑대들이 나타나자 진이와 톰이

전투 자세를 취하며 큰 소리로 외쳤다.

"뭐야? 늑대들과 짜고 우릴 속였구나. 이 배신자들."

"그것 봐. 내가 너무 믿지 말라고 했잖아."

주변의 공기가 싸늘해지자 링컨이 앞으로 나서며 말했다.

"우리는 싸우러 온 게 아니라 너희들과 이야기하러 온 거야. 잘 봐. 우리도 너희처럼 단둘이야. 저 아이들은 단지 너희와 우리를 만나게 해 주려 한 것뿐이야."

진이는 차가운 눈으로 가람이와 솔이를 쏘아본 다음 주변을 살펴보았다. 링컨의 말대로 주변에 다른 늑대는 더 없었다.

"그래도 우리는 늑대를 믿지 않아. 이야기 따위는 필요 없어! 가람이 솔이 너희도 가만두지 않겠어."

진이는 여전히 자세를 풀지 않고 굳은 목소리로 링컨과 솔이를 차례대로 바라보며 말했다.

"이게 진짜! 한번 해보자는 거야? 우리는 너희가 사이좋게 살게 하려는 거란 말이야."

이번에는 솔이가 지지 않겠다는 듯이 권투 자세를 취했다. 그때 링컨이 앞으로 나와 솔이를 말리며 말했다.

"너희들이 우릴 믿지 않는 이유는 알고 있어. 그래서 내가 늑대

나라 대표로서 이렇게 여기에 온 거야. 우리가 너희를 노예로 삼은 과거에 대해 사과하기 위해서 말이야. 그러니 사과를 받아 주고 이야기를 들어 줬으면 좋겠어."

링컨이 과거의 일을 사과하며 부드럽게 대화를 시도하자 안 믿는다던 진이와 톰의 표정도 조금씩 변해 가기 시작했다.

"좋아. 그럼 일단 이야기라도 들어 볼게. 하지만 다른 수를 쓰면 가만히 있지 않을 거야."

진이와 톰이 전투 자세를 풀고 자리에 앉았다. 그 모습을 보고 나머지도 전부 자리에 앉자 링컨이 다시 이야기를 시작했다.

"우리는 그동안 운영해 왔던 악독한 노예 제도를 폐지했어. 그뿐

이 아니야. 반성과 함께 피해를 본 모든 동물들에게 사과할 거야. 앞으로는 다시 이런 일이 없도록 이 세계에 사는 모두와 언제까지나 평화롭게 살기로 했어. 너희들과 만나려 한 것도 이런 이유야."

링컨이 말을 마치자 '쳇!' 하는 소리가 들렸다. 톰이었다. 이어서 톰이 비웃는 말투로 말했다.

"말은 번드르르하지만 당신들 말을 우리가 어떻게 믿어?"

톰이 약 올려도 링컨은 화를 내지 않고 차분하게 대답했다.

"자네들도 이제 알고 있을 거야. 법을 정해서 나라를 운영하면 다툼이 줄어들고 질서가 잡힌다는 것을 말이야."

그 말에 진이와 톰이 함께 가람이를 바라보았다. 링컨의 말대로 법을 만든 후에 강아지 나라는 안정되기 시작했다. 진이와 톰이 자기도 모르게 고개를 끄덕였다. 링컨이 미소를 지으며 다시 이야기를 시작했다.

"나라와 나라 사이도 같아. 나라 사이에도 법을 정해서 모든 나라들이 그 법을 따르기로 약속하면 돼."

링컨의 말에 호기심이 생긴 진이가 처음으로 부드럽게 말했다.

"그 법이 어떤 내용인지 알고 싶은데……."

"간단해. 각 나라는 모두 평등하고, 자기 나라의 운명을 스스로 결정할 권리를 가진다. 또 함부로 다른 나라의 일에 간섭하거나 침략하면 안 된다."

"우리가 나라 안에서 각자 지켜야 하는 내용과 비슷하군. 그런데 한 가지 더 궁금한 게 있어."

"무엇이든 물어봐."

궁금한 게 있다는 진이의 말에 링컨이 다정한 목소리로 답했다.

"만약, 우리나라에서 죄를 지은 범죄자가 너희 나라로 도망가면 어떻게 하지? 서로 간섭할 수 없다면 우리가 처벌할 수 없잖아."

"그런 경우는 미리 약속을 정해 놓으면 돼. 범죄자가 서로의 나라로 도망갔을 때는 다시 원래의 나라에 보내 주기로 하는 거야."

"아! 그런 수가 있었구나. 참 쉽네."

"그래. 법은 어려운 게 아니라 상식이야. 내가 하기 싫은 일은 남에게도 시키지 말라는 것을 규칙으로 만든 거지. 나라와 나라 사이에도 같아. 우리 늑대들은 그걸 몰랐던 거야. 그래서 지금 반성하고 있고."

친절하게 설명하고 잘못을 솔직히 사과하는 링컨의 말에 진이와 톰뿐만 아니라 가람이와 솔이까지 모두 고개를 끄덕였다.

"알았어. 당신의 말을 믿을게. 하지만 걱정되는 게 있어. 앞으로 우리가 사이좋게 지내게 됐다는 걸 다른 개들한테 어떻게 믿게 하지? 게다가 또 급히 이야기할 필요가 생기면 어쩌고? 매번 이렇게 만나기도 쉽지 않고 말이야."

"걱정하지 마. 오늘 한 이야기를 모두 문서에 적어서 서로 도장을 찍어 증거로 남기면 돼. 그리고 그 문서를 가지고 늑대 하나가 너희와 함께 갈 거야. 블랑이 그 역할을 할 거야. 마찬가지로 너희 쪽에서도 한 마리가 오면 좋고."

링컨이 말을 마치자 솔이가 큰 소리로 외쳤다.

"아하! 외교관 말이구나."

"그래. 다른 나라에 머물면서 자기 나라와 그 나라 사이를 이어 주는 역할을 하는 거지."

"서로 자기 나라의 뜻을 다른 나라에 가지 않고 편하게 전할 수 있도록 하자는 거군. 좋아! 그럼 우리 쪽에선 톰이 가겠어."

진이의 제안에 톰이 고개를 저었다.

"아냐. 나는 나라를 지켜야 하니까 안 돼. 나보다 이 일에 적당한 다른 녀석을 추천하겠어."

"누군데?"

"벤이야. 녀석은 우리나라와 늑대 나라 모두에서 차별을 받았지. 하지만 벤 같은 녀석이 차별을 받지 않을 때 우리는 진정으로 하나가 될 거야. 벤이라면 늑대들과도 잘 통할 것 같고 말이야. 이봐 벤! 아까부터 숨어서 지켜보고 있는 거 아니까 어서 이리로 와."

톰이 숲 쪽을 보며 말하자 벤이 쭈뼛대며 다가왔다.

큰 눈에는 눈물이 맺혀 있었다. 차별을 받지 말아야 한다는 톰의

말에 감동을 받은 것 같
았다. 솔이와 블랑이 다가가
벤을 안아 주었다.

그 모습을 흐뭇한 표정으로 바라보
던 링컨이 진이에게 눈을 맞추며 다시 이야기
를 시작했다.

"좋아! 이제 하나만 빼고는 거의 정리가 된 것 같군."

"아직 남은 이야기가 있다는 말이야?"

무슨 이야기가 남았는지 진이가 궁금한 표정으로 링컨을 바라보
았다. 그러자 링컨의 표정이 엄숙하게 변했다.

"지금이 바로 사람에 대한 진실을 말해 줄 때야. 더 망설이면 언
젠가 자네도 후회하게 될지도 몰라."

사람이란 말이 나오자 가람이와 솔이의 정신이 번쩍 들었다. 진
이와 톰도 마찬가지였다.

무언가 도움을 바라며 톰의 얼굴을 바라보던 진이가 마침내 체
념했다는 표정으로 가람이와 솔이를 보며 이야기를 시작했다.

"먼저 너희들에게 미안하다는 말을 할게. 사실 나는 너희들이 돌
아갈 방법을 이미 알고 있었어."

"정말이야?"

돌아갈 방법이 있다는 말에 가람이와 솔이가 기뻐하며 소리를 질렀다. 그 모습을 본 진이가 씁쓸한 표정을 지으며 전설의 완전한 내용을 이야기하기 시작했다.

사람은 늑대보다 개들에게 먼저 왔었다. 사람 덕분에 나라가 발전하는 모습을 본 진이의 선조는 사람을 떠나보내고 싶지 않았다. 그래서 사람이 이제 떠나야 한다고 했을 때 돌아가지 못하게 막았다. 그러면 영원히 자기들과 함께 살 거라고 믿었기 때문이었다.

사람은 실망했지만 개들에게 화내지 않고 세계를 떠돌다 늑대를 만났다. 늑대들의 나라를 발전시킨 사람은 늑대의 도움을 받아 다시 원래 세계로 돌아갔다. 그 이후 힘이 약해진 개들의 나라는 늑대들의 침략을 받아 노예로 살게 된 것이었다.

"침략당해 늑대들의 노예가 된 뒤로, 우리 선조는 매일 후회했어. 사람과 함께 있고 싶은 욕심이 우리를 모두 망쳤다고 말이야. 하마터면 나도 똑같은 후회를 할 뻔했어. 나라가 계속 발전하는 모습을 보니까 너희를 영영 보내고 싶지 않아졌거든."

진이가 고개를 숙인 채 가슴속에 꼭꼭 숨겨 두었던 이야기를 말하자 가람이와 솔이가 진이의 손을 하나씩 잡아 주었다. 톰과 벤,

블랑도 나라와 친구를 생각하는 진이의 마음을 충분히 이해했다.

다시 표정이 부드러워진 링컨이 울먹이는 진이를 보며 말했다.

"너무 걱정하지 말게. 우리는 이제 친구 사이니까 나머지는 우리가 가르쳐 주도록 하지."

"고마워."

진이가 눈물을 글썽이며 대답했다.

 국가 사이의 관계를 다루는 국제법

지금까지 헌법, 민법, 형법, 그리고 소송법에 대해 살펴보았어요. 이 법들은 공통점이 있는데 바로 국내에서만 적용되고 외국에서는 적용되지 않는다는 점이에요. 앞서 말한 대로 모든 나라는 다른 나라의 간섭을 받지 않을 주권을 가지고 있으니까요. 한 나라의 법은 그 나라에서만 사용될 수 있지요. 그런 의미에서 이런 법을 국내법이라고 불러요.

통신 기술과 교통이 발전하면서 각 나라들이 서로 어울리게 되는 일이 잦아지고 나라 사이의 갈등이 종종 발생하게 됐어요. 그러자 국가와 국가 사이의 관계도 법으로 정할 필요가 생기게 됐지요. 이렇게 국가와 국가 사이의 관계를 다루는 법을 국제법이라 해요. 국제법은 국내법보다 늦게 생겼고 지금도 계속 새로운 내용들이 만들어지고 있어요. 또한 조약, 국제 관습법 등 다양한 형태로 나타나고 있지요. **국내법만큼 강력하지는 않지만, 국가 간 질서 유지와 세계 평화, 인권 보호에 중요한 역할을 하고 있답니다.**

여러 나라의 여권

UN의 깃발

국제법의 종류가 궁금해

국제법 중 가장 일반적인 것이 조약이에요. 조약은 둘 이상의 국가가 문서를 통해 공식적으로 맺은 약속이에요. 조약은 국가와 국가 사이에 맺어지기도 하지만, 국제기구에 가입하면서 맺게 되기도 해요. 국제기구 조약의 대표적인 것이 UN 헌장이랍니다. 조약을 맺으면 그것이 국내법과 똑같은 효과를 가지게 되어 해당 국가의 국민에게 모두 적용돼요.

국제법 중 조약 외에 중요한 다른 하나는 국제 관습법이에요. 국제 관습법은 굳이 국가 사이에 약속을 하지 않았지만, 오랜 세월 동안 널리 인정되어 온 법들이에요.

대표적으로 오랜 기간 평화롭게 인정되어 온 국가의 영토는 국제 관습법에 따라 인정되어요. 예를 들어 우리나라의 울릉도나 일본의 대마도를 생각해 봐요. 서로 조약과 같은 공식적인 합의를 하지 않았더라도 각자의 영토로 인정되지요. 독도의 경우도 오랜 기간 우리나라가 평온하게 점유한 곳으로 국제 관습법에 따라 우리나라의 영토가 맞아요. 하지만 안타깝게도 현재 일본이 계속 불합리한 문제 제기를 하고 있는 상황이에요.

독도

은행나무 통로를 따라서

"여기가 바로 너희 세계로 가는 유일한 통로야."

가람이와 솔이가 처음 나타난 호숫가 근처에 진이와 일행들이 모두 모였다. 진이는 천 년은 묵은 듯 보이는 커다란 은행나무의 밑동을 가리켰다.

밑동에는 작은 구멍이 있었는데 안개 같은 이상한 것이 구멍 주변을 감돌고 있었다.

"예전에 한 번 들어가려고 했는데 나는 입구에서 튕겨지더라고. 아마 너희만 들어갈 수 있을 거야."

"그래. 너희가 들어가고 나면 이 입구도 아마 영원히 사라지겠지."

구멍으로 들어가라는 진이의 말에 링컨이 고개를 끄덕였다. 드디어 집으로 돌아가게 된 가람이와 솔이는 다시 한번 진이와 톰, 벤과 블랑, 링컨을 차례대로 바라보았다. 그동안 여기에서 지낸 일들이 두 아이의 머릿속을 빠르게 지나쳐 갔다. 가람이와 솔이의 눈에 작은 눈물방울이 살짝 맺혔다.

"그럼 모두 잘 있어. 다시 원래 세계로 가도 절대로 이곳과 너희를 잊지 않을 거야."

가람이가 하나하나 악수를 하고 가볍게 안으며 작별 인사를 했다.

"쳇! 가기 전에 진이 너와 한판 붙어 보고 싶었는데 못 하고 가네. 참, 이 과자 뽀 녀석한테 줘. 꼬리를 엄청난 속도로 흔들면서 좋아할 테니까."

엉덩이를 흔들며 뽀의 모습을 흉내 내는 솔이의 모습에 모두 웃음을 터뜨렸다. 다들 헤어지기 아쉬워하는 솔이의 마음을 알고 있었다. 그래도 돌아가야 했다. 가람이와 솔이는 떨어지지 않는 발을 끌고 은행나무 아래쪽에 있는 구멍으로 갔다. 뒤를 돌아보니 멀리서 모두 손을 흔들고 있었다.

"모두 안녕!"

둘은 모두를 향해 큰 소리로 외친 후 서로 눈을 마주친 다음 고개를 끄덕이며 구멍으로 들어갔다. 그러자 둘의 몸이 처음 이 세계

로 들어올 때와 마찬가지로 구멍으로 조금씩 빨려 들어갔다.

"으아아악~, 어지러워!"

"까아악~! 여기가 어디야?"

잠시 후 정신을 찾은 둘이 비명을 지르며 깨어났다. 그때 저쪽에서 익숙한 목소리가 들려왔다.

"어디긴 어디야. 도서관이지."

사서 선생님이었다. 가람이와 솔이에게 다가온 선생님은 둘의 어깨에 손을 얹고 잔소리를 시작했다.

"으이구! 솔이는 침까지 흘렸네! 평소에도 시끄럽더니 오늘은 자다가 소리까지 지르는 거야? 그리고 가람이는 늘 조용히 책을 읽던 애가 오늘 이상하네? '숙제, 숙제' 하면서 잠꼬대를 하던데, 해야 될 숙제는 마친 거니?"

"네! 그건 해결한 것 같아요……."

사서 선생님이 한참 동안 훈계를 하자 주변에 있던 다른 아이들이 책을 보다 입을 가리며 작은 소리로 킥킥 웃었다. 도서관에서 솔이가 종종 보던 풍경이었다. 깜짝 놀란 솔이가 벽에 걸린 시계를 쳐다보았다. 시곗바늘은 정확히 한 시를 가리키고 있었다.

솔이는 서둘러 자신들 앞에 펼쳐진 책을 보았다. 책에는 여전히 호수와 산이 있는 풍경이 그려져 있었다. 하지만 이전과 달리 그림은 움직이지 않고 있었다. 당황한 솔이는 두 손으로 머리를 감쌌다. 무슨 생생한 꿈을 꾼 것 같았다. 그때 자기와 똑같은 자세를 취하는 가람이와 눈이 마주쳤다.

"가람아 혹시……."

"솔이 너도?"

작은 목소리로 속삭이던 둘은 서로 눈을 마주치더니 곧 고개를 끄덕였다.

"그래. 우리는 꿈을 꾸지 않았어."

"맞아. 우리는 강아지 나라에서 법을 만들다 왔어."

"너도 기억나지? 진이와 벤. 그리고 다른 녀석들도 말이야."

"물론이야. 지금도 그때 하던 재판이 생각나."

둘은 사서 선생님과 다른 아이들에게 들리지 않도록 작은 소리로 말했다.

"그런데 누가 우리들의 말을 믿어 줄까? 우리가 다 지어낸 이야기라고 할 텐데."

"아무도 안 믿어 줄지도 모르지. 하지만 누가 뭐라 해도 우리가 강아지 나라에 다녀온 건 사실이야. 그리고 나는 그곳을 떠나올 때 녀석들에게 절대 잊지 않겠다고 약속했어."

"알았어. 그러면 이 이야기는 당분간 우리만의 비밀로 하자."

"좋아."

둘은 서로를 바라보고 의미심장한 미소를 지으며 자리에서 일어났다. 솔이와 가람이가 교실로 돌아가기 위해 문을 열고 나간 자리로 바람이 불어와 부드럽게 책장을 넘겼다.

책장의 마지막엔 늑대와 개들이 사이좋게 놀고 있는 그림이 그려져 있었다. 햇빛이 비치자 개와 늑대의 입꼬리가 살짝 움직이는 것처럼 보였다.